XIANDAI TIYU YUNDONG
XUNLIAN LILUN YU TIYU ANQUAN

现代体育运动训练理论与体育安全防护

■ 王新利　卢宗君　张　玮　著

河北大学出版社
·保定·

出 版 人：刘相美
责任编辑：刘梦茜
助理编辑：刘　帅
装帧设计：李　冉
责任校对：苏安邦
责任印制：常　凯

图书在版编目（CIP）数据

现代体育运动训练理论与体育安全防护 / 王新利，卢宗君，张玮著. -- 保定：河北大学出版社，2024. 12. -- ISBN 978-7-5666-2584-7

Ⅰ. G808.1；G819

中国国家版本馆 CIP 数据核字第 202545PN03 号

现代体育运动训练理论与体育安全防护

XIANDAI TIYU YUNDONG XUNLIAN LILUN YU TIYU ANQUAN FANGHU

出版发行：河北大学出版社

地址：河北省保定市七一东路 2666 号　邮编：071000

电话：0312-5073019　0312-5073029

网址：www.hbdxcbs.com

邮箱：hbdxcbs@163.com

印　　刷：中煤（北京）印务有限公司
幅面尺寸：170 mm × 240 mm
字　　数：200 千字
印　　张：11
版　　次：2024 年 12 月第 1 版
印　　次：2024 年 12 月第 1 次印刷
书　　号：ISBN 978-7-5666-2584-7
定　　价：89.00 元

前言

PREFACE

在现代社会，体育运动的重要性日益凸显，无论是对于个人的身心健康，还是对于社会的和谐发展，都有着不可替代的作用。随着体育运动的普及和竞技水平的提升，如何科学地进行运动训练，以及如何有效地预防运动损伤，保障运动者的安全，成了摆在我们面前的重要课题。正是基于这样的前提和背景，以及希望能够帮助读者在运动实践中做到既科学又安全，本书应运而生。

本书共分为七章。第一章为体育运动导论，阐述了现代体育运动的概念、社会价值、学校体育以及对健康的促进作用，为读者建立起对体育运动的宏观认识。第二章详细介绍了现代体育运动训练的内容与理论基础，包括核心概念、发展概况、基本内容以及学科基础，为后续的专项训练内容奠定理论基石。第三章至第四章分别针对田径运动的技术训练、游泳和体操运动的科学训练展开论述，从不同项目的特点出发，讲解专业的训练方法和技巧。第五章聚焦科学运动的原则与方法，涵盖了从基本原则到运动方式、课程安排、时间强度安排以及不同阶段的健身活动方案等内容，为读者提供科学合理的运动指导。第六章和第七章着重于运动损伤预防管理以及安全防护规程与法律保障。通过体格检查、动作模式评估以及常见损伤预防手段等内容，提高读者的安全防护意识，并从法律层面保障体育运动的安全有序开展。

本书涵盖了体育运动训练理论与安全防护的各个方面，从基础概念到专项训练，从科学运动方法到损伤预防和法律保障，形成了一个完整的知识体系。

在保证内容专业准确的同时，本书采用通俗易懂的语言表达，避免使用过于晦涩的专业术语，使读者能够轻松理解书中的内容，并且配有相关的图表和示例，增强了阅读的趣味性和直观性。

在此，我们要特别感谢所有为本书的编写付出努力的人们。感谢各位专家、学者提供的宝贵意见和建议，使得本书的内容更加丰富和完善；同时也感谢每一位编辑人员的辛勤工作，正是因为有了大家的支持与配合，本书才能顺利出版。最后，也要感谢即将阅读本书的每一位读者，您的支持是我们前进的最大动力。

作　者

2024 年 6 月

目录

CONTENTS

第一章 体育运动导论

第一节 现代体育运动的概念与社会价值

体育运动是伴随着人类社会的不断发展而产生和发展起来的，体育运动不仅对人类社会产生一定的影响，同时人类社会的发展也对体育运动具有重要的推动作用。由此可见，两者之间彼此联系、相互影响。

一、体育运动及现代体育运动的概念

体育运动作为一种历史现象，其产生最早可追溯到原始社会，在原始社会就已有体育运动的雏形。

在远古时代，体育源于强身、自卫、求生存。原始人为了生存和保卫自身安全，必须经常与凶禽猛兽及自然灾害进行斗争，其中狩猎就是人类最古老的生产活动，也是人类为了生存和自卫所必须做出的行为。原始人迫于谋生需要，为寻找食物要跋山涉水，为追捕野兽要跨涧越沟，为杀伤猎物要掷石投棍，为逃避自然灾害要跋涉迁徙，从而发展了走、跑、跳、投掷、攀爬、游水、格斗等身体基本活动能力，这些就是人类最初的运动方式，也是体育运动的萌芽。

原始人类在生产劳动和生存竞争中的身体活动，就是原始体育的最初形态，它是人类生存不可或缺的行为，是人类社会发展的必然产物。归根结底，体育运动是伴随着人类社会的不断发展而产生和发展起来的。

现代体育运动是人类社会不断发展与进步的产物，它通过各种系统化、规范化的身体活动，旨在增强个体体质，提高身体机能，培养意志品质，促进身心健康，并在竞技、娱乐、健身等多个领域实现人的全面发展和社会文化的丰

富多样。

二、现代体育运动在社会的地位及影响

（一）现代体育运动在社会中的地位

随着现代社会的不断发展，体育运动的价值不断增大，社会地位也越来越高。在现代社会，体育运动早已超越身体锻炼与竞技本身，它已渗透到社会生活的方方面面，涉及的范围越来越广，影响力越来越大。这充分说明了体育运动在现代社会中的重要地位。

1．现代体育成为国家的一项重要事业

在当今世界上，无论是发达国家还是发展中国家，多数国家都把体育作为国家的一项重要事业来发展，在政府部门中设立主管体育的部门或专门机构，在某些国家，体育还作为第三产业已成为国民经济的重要组成部分。

2．现代体育成为学校教育的重要内容

国民体质是一个国家发展的根本，因此人民的健康状况非常重要。世界上绝大多数国家都把体育纳入教育制度之中，体育课在大多数国家都被列为必修课，再加上课间活动和课外活动等，基本上可以保证广大青少年学生每天都能参加体育活动。

3．现代体育成为人们日常生活方式之一

现在，网络、广播、电视等现代传播工具非常发达，各种体育类书刊数量剧增，体育赛事信息铺天盖地，并以前所未有的速度广为传播，人们对体育不可能毫无接触，因而体育对人们日常生活的影响越来越大，涉及的范围也越来越广，体育正逐步成为人们日常生活不可缺少的一部分。

近年来，竞技运动在许多国家已经迅速融入了人们的生活，日益成为人们感兴趣的社会活动之一。人们对国际重大比赛，例如奥运会、足球世界杯等所表现出来的热情，更是达到了狂热的地步。

在我国，体育已深入到人们的社会生活中，凸出表现在运动员精神的广泛传播上。如运动员从竞赛实践中总结出来的富有哲理的名言“身在赛场，

胸怀祖国，放眼世界”“人生能有几回搏”等，这些闪耀着爱国主义情感的豪言壮语，正在作为一种精神财富，被社会各阶层广泛利用。运动服装成了流行服装，甚至连体育的公正竞赛方法（裁判员当场举分）也被各行各业所采用。

（二）现代体育运动在社会中的作用

现代社会的发展需要体育运动，同时现代社会也为体育运动的发展创造了诸多有利条件，体育运动已深入到人们生活的方方面面，体育运动在现代社会生活中发挥着越来越重要的作用。这主要表现在以下几个方面。

1．健身作用

体育运动是通过身体运动的方式进行的，它要求人体直接参与活动，这是体育最本质的特点之一，这个特点决定了体育运动在现代社会生活中的首要作用是健身，增强体质，防病治病，提高综合素质。

2．娱乐作用

体育运动技术的高难性、惊险性，造型的艺术性，配合的默契性和易于接受的朴素性，使它成了人们余暇生活的一个重要组成部分，能起到丰富社会文化生活、满足人们精神需要的作用。

在现代社会生活中，体育的娱乐作用是通过以下两个途径来实现的。

一是观赏。经过长时间的实践和探索，现代体育运动不断向着难、新、尖、高的方向发展，一些杰出的运动员能够在一定的时间和空间条件下，把身体控制到尽善尽美的程度，使健、力、美高度统一起来，使人们在观看体育表演和比赛时，产生一种美的享受。正因为体育运动如此富有魅力，在运动场上，常常有一种怡情作用在观众和运动员之间扩散开来，使观众忘却了一切烦恼和不愉快，“净化”了观众的感情。它可以使人们工作和劳动后紧张的神经、疲劳的脑力和紊乱的情绪得到积极有益的调节，不但有助于元气的恢复，而且也是一种精神上的享受。

二是参与。如今，越来越多的人爱上了参加体育运动，人们在完成各种复杂练习的过程中，在与同伴默契配合中，在与对手斗智拼搏过程中，在征服困难取得胜利后（如爬山登顶），得到一种快感和心理上的满足感，这体现出体育运动的优越性，是其他事物很难替代的。

3．教育作用

进入现代社会，体育运动的教育作用越来越明显，体育教育已被广泛地纳入各国的教育体系之中。另外，由于体育运动的竞赛具有群众性、国际性、技艺性和礼仪性等特点，它成了传播价值观的理想载体，它能激发人们的爱国热情，振奋民族精神，教育人们保持与社会的一致。体育运动竞赛的国际性，不仅扩大了它的活动范围，而且加深了它所产生的社会影响力，对人们具有重要的教育意义。

4．政治作用

社会发展到现在，体育与政治之间的关系越来越紧密，政治对体育进行干预，体育向政治渗透，体育的政治作用越来越明显。如在国际比赛中，运动员按规定必须佩戴所代表国家的鲜明标志，在领奖台上，要奏国歌、升国旗，这就更增加了国家荣誉感。虽然人们不会简单地以运动竞赛的胜负来评定国家实力的优劣，但是人们总是把一个国家的运动员在国际比赛中的表现和所取得的成绩看成是一个国家实力的反映，民族的威望也会由于国际比赛取胜而提高。

5．促进个体的社会化

个体社会化即人的社会化，它是指由生物的人变成社会的人的过程。人刚出生时，只是一个生物的人，要使之成长为一个社会的人，一个被社会或群体所需要的人，他就得学习社会或群体的规范，知道社会或群体对他们的期待，从而逐步具备作为这一社会或群体的成员所应具备的知识、技能、态度、情感和行为。在现代社会生活中，人们通过参加体育活动，掌握基本生活技能，学习社会规范，发展人际关系，学习科学文化知识，从而促进个体的社会化。

（三）现代体育运动对生活方式的影响

1．体育参与是社会参与的内容之一

人处于社会之中，都有一定的心理需求，人们需要参加各种各样的社会活动，比如政治活动、经济活动、社交活动、文化活动等。能在这些活动中与大家和睦相处，在这些活动中承担一定的责任，并做出自己的贡献，是一个人获得心理健康和社会健康的重要标志。体育运动可以说是人们实现社会参与的一种最简单、最廉价，又最有收获的一种形式，也是生活方式的一种具体体现。在对体育运动的参与过程中，人们在实现着价值观念的培养与改善。体育运动是一种充满活力的文化活动，对人们能产生积极的影响。

2．体育活动能调节生活节奏和情感色彩

经常参加体育活动可以改善人们的生活节奏，使人们对社会产生良好的适应性。这是因为在体育活动中，人们所掌握的多种活动技能和快速活动方式，有利于帮助人们准确、协调、敏捷地完成各种生产、生活动作，既可避免多余动作，又不会力不从心。体育活动还可以克服人们对快节奏生活的抵触、恐惧、厌烦和焦虑等心理障碍，可以稳定心理情绪，抑制身心紧张，以增加人们在快节奏生活中的自信心。

在现代社会中，人们有各种各样的需求，不仅有物质需求，也有心理需求，这呈现出需求层次性的特点。现代社会要求人们加强在情感体验上的独立性，不依赖于家庭，不依附于他人，情感高度自主；同时，现代人的情感表达是富有理性的，是复杂而快速转变的，这些都是现代人情感表达方式的特点。然而，现代社会的演进也压抑着现代人情感的正常发展，现代生产方式中高技术的运用往往忽略了人们情感的平衡，单调的工业生产也常使人情绪不佳，感到寂寞、无聊，而现代生活方式使家庭逐渐缩小，亲属间情感疏远，给社会带来许多情感问题。体育运动是一种极富感情色彩的活动，它是人们高级情感的产物，又是人类高级情感的发生器，它能对人们产生积极的影响，促使人们向更加积极的方向发展。

3．体育运动对余暇时间的支配

在现代社会，对余暇时间的支配已经成了人们生活的侧重点。随着余暇时间的不断增多和人们健身意识的增强，以及体育运动对生活的渗透，人们对余暇时间的支配发生了重要的变化。

（1）从消除疲劳转向运动娱乐

在生产力较为落后的时代，人们强调生产，对休闲娱乐则抱着一种谴责的态度，认为是“玩物丧志”。在消费水平较低、体力消耗较大的时期，人们支配余暇时间的主要行为是睡觉、闭目养神、聊天等。在生产技术水平较低的时代，人们必须依靠大量的体力劳作才能获得生存所需的产品，因此社会必须鼓励劳作。但是这种观点过分夸大了劳动而否定了人有休息、娱乐的权利。人应该是劳动活动的主体，劳动则是人这一主体的机能，劳动应当为人的生存服务，人们进行劳动是为了更好地满足人生存发展的需要，人本身就是人类进行一切活动的最终目的。因此，在现代社会，人们越来越认识到体育运动、消遣娱乐的重要性，人们在余暇时间也更倾向于参加各种体育活动，以娱乐身心。

（2）从内敛式转向发散式

以往人们的余暇时间基本上是消耗在家庭或亲戚之间，而今天，人们支配余暇时间的方式发生了巨大的变化。人们不再满足于这些低层次的方式，而开始向发散型的、开放型的方式转化，人们热衷于远足、登山、泛舟、探险、漂流等运动方式。

（3）从个体型转向群体型社会化的方向

在以前，人们支配余暇时间是一个简单的个人行为，而在现代社会，支配余暇时间更具有社会性。人们在余暇时间的活动更加群体化，如参加社区的体育组织，球队、舞蹈队等。这说明体育运动从个体型不断向群体型方向转化。

4．体育丰富人们的生活空间

社会发展到现在，可供人们休闲娱乐的场所越来越多，一些人走进大自然中，与大自然对话和交流，去参加各种户外体育活动。由此可见，体育运动可以扩展人们的生活空间，丰富人们的精神文化生活。

5．体育拓展人们的心理空间

一般来说，每个人的心理空间都是不同的。生活空间，特别是单一的生活空间对人的心理会构成压力，比如当一个人无意识地骑车时，他可以笔直前进，而当在地上画上一条直线让他沿线骑行的时候，他反倒骑得歪七扭八。因此，多种多样的生活空间体验对于丰富人生是十分必要的，能够拓展人的心理空间。体育娱乐可以给人们提供各种机会，使人们处于日常生活中难以得到的各种空间状态，从而获得复杂多变的空间享受。人们在参加活动的时候平衡器官受到强烈的刺激，神经系统极度兴奋。体育能让人们有正常的心理生活空间，而正常的心理生活空间会让人们更富有个性和创造精神。当一个人离开单调的学习、工作、生活环境来到体育空间的时候，他的心理生活空间就会得到充分的发展和维护。

在体育活动中，人们强烈的“建设欲”可以得到满足，而本能的“破坏欲”可以得到发泄。大凡经过精心设计、精心装修的新居，主人都喜欢邀请自己的亲戚、朋友和邻居来做客，总会不厌其烦地向每一位客人介绍他的装修设计成就。从客厅到卧室，从厕所到厨房，从灯池装潢到地板质量，都要逐一说明，至于那些有独创设计的地方更要大谈一番。在人们的心灵深处确实存在着一种“建设欲”和成就感，人们需要通过各种活动得到满足。在文化娱乐体育休闲领域里人们也同样需要这样的满足。

有很多活动就是基于这种需求设计出来的。人不仅有“建设欲”，还有潜伏的“破坏欲”，人具有一种与生俱来的“攻击性”和“破坏欲”，与一切动物的攻击性一样，是一种保护自我存在的必要条件。光靠压抑、控制这种攻击性、破坏性，只能收到局部的、暂时的效果，而且这种压抑和控制长久不能找到一条适当的发泄渠道，则会积聚下来，然后突然爆发，制造出人们难以预料的恶性事件。例如，球迷看足球比赛就是一种很好的宣泄方法。球迷们特别迷恋体育比赛的氛围，热衷追求激烈比赛的镜头所带来的强烈刺激。

第二节　学校体育与体育课程

一、学校体育

（一）学校体育的目的与目标

1．学校体育的目的

学校体育的目的具有鲜明的指向性，能引导学校体育教育工作始终向着正确的方向发展。就当前来说，我国学校体育的目的是促进学生正常生长发育，增强学生体质、增进学生健康，与学校各种教育相配合，培养学生良好的思想品德和意志品质，促使其成为具有德、智、体、美、劳全面发展的社会主义建设者和接班人。

（1）确定学校体育目的的依据

第一，国家教育方针。在我国的学校体育教育中，文化知识占据绝对主体的地位，学校体育的地位也得到了很大程度的提升。坚持育人为本，德育为先，实施素质教育，提高教育现代化水平，培养德、智、体、美、劳全面发展的社会主义建设者和接班人的教育方针，学校体育目的的制定与国家现阶段的教育方针相一致，即突出学校教育的重要性，重视学生文化素质、心理素质和身体素质的综合发展。

第二，社会发展需要。社会发展的需要是教育应考虑的重要方向之一，社会发展的需要主要是指社会经济、政治、科学文化等的发展对学校教育的要求。在学校教育实践中，社会发展的需要通常通过社会对教育的要求及教育对学校的要求表现出来。因此，学校体育目的的制定应充分考虑到社会对体育教育的要求及体育教育对学校的要求，积极培养社会发展所需要的合格劳动者和接班人。

第三，学生身心发展特点。学生是学校体育的教育教学对象，是学校体育教学的主体，因此学校体育的目的应以学生身心发展特点为出发点来确定。学生身心发展特点是指学生在不同的年龄阶段内，其生理和心理发展所表现出来的规律性特征，其中，生理发展主要表现为身体的正常发育、身体素质的提高、适应能力的提高等；心理发展主要表现为认知能力的提高、逻辑思维能力的提高、个性心理特征的良性发展等。这些都是学校体育目的的制定应参考的科学依据。

第四，学校体育的职能。学校体育作为体育的一个重要组成部分，除了具有锻炼身体、增强体质、丰富生活、提高运动技能等一般社会职能以外，还应具备一定的教育职能。学校体育是将体育与教育结合在一起的一种社会活动，因此应具备教育功能和体育功能的双重职能，学校体育只有在发挥其体育职能的基础上，充分发展学生的吃苦耐劳、积极进取、敢于拼搏、团结合作、胜不骄败不馁等育人功能，才能从根本上实现学校体育的目的。

（2）实现学校体育目的的要求

第一，提高学校体育的地位。在我国的学校体育教育中，总体来看学生的文化素质和身体素质发展呈现出不平衡的局面。因此，在学校体育教育中，应在强调基础文化课程学习的基础上，重视学生身体素质和运动能力的提高，这样才能促进学校体育目的的实现。

第二，加强学校体育的科学管理。加强学校体育的科学管理是实现学校体育目的的前提和基础。具体来讲，加强学校体育的科学管理包括以下几个方面：加强学校体育的管理体制、规章制度及科学评价，保证学校体育的规范化和科学化；加强学校体育师资队伍的建设，培养合格的学校体育教学人才；加强对学校体育建设的资金投入，改善学校体育基础设施建设；加强学校体育与劳动、军训、卫生保健等的结合。

第三，培养学生良好的意志品质。学校体育具有锻炼身体、增强体质的目的和目标，另外，它还能与德育和智育结合起来，培养学生的团结合作、勇于竞争、艰苦奋斗、顽强拼搏等思想品德和意志品质，以促进人的全面发展。

2．学校体育的目标

（1）学校体育目标的概念

目标是指人们想要达到的境地或者标准，它是人们通过努力，期望所要达到的预期结果。因而，学校体育目标是指在一定时期和空间范围内，学校体育实践所要达到的预期要求、结果和标准，是学校体育指导思想和目的的具体体现。它集中体现人们对学校体育与健康课程编制、体育教学实施、课外体育活动、课余体育竞赛和课余运动训练开展中的体育价值的理解，关系着学校体育的内容、方法和手段的选择和运用，关系着学校体育的发展方向，是评价学校体育工作效果的重要依据。具体来说，学校体育目标这一概念的内涵包括：一是学校体育目标是指在一定活动空间和时间内学校体育实践所要达到的预期效果，强调“一定活动空间和时间”，说明学校体育目标具有一定的阶段性和区域性。与学校体育的目的长期性和广度相比，目标更多的是指一段时间里，某一个地区的学生所要达到的预期效果。二是学校体育的目标是特定价值取向的反映，因而它的表述是十分具体和显性的，具有较强的可操作性。通常来看，学校体育的目标会对学生通过学校体育学习后将能完成的体育项目有一个明确具体的描述，它明确规定了学生的预期学习结果，所采用的行为动词也会明确、可测量、可评价。三是从“目标”的字面意义上看，指的是“想要达到的境地或者标准”，由此来看，学校体育目标实际上是一种尚未完成的事项，是一种期望达到的境地，它是对学校体育学习结果的期待和前瞻，从一定程度上激励着教师和学生努力完成这个目标。

（2）学校体育目标的结构层次

按照不同的分类方法，可将学校体育的目标划分为不同的层次和类型。

第一，按照学段划分的学前教育阶段体育目标、初等教育阶段体育目标、中等教育阶段体育目标和高等教育阶段体育目标是以学生身心发展的特点为根本依据的。从表 1-1 中可以看出各个阶段的体育教育目标的具体内容。

表 1-1　各教育阶段学校体育的目标

学前教育阶段学校体育的目标	培养正确的身体姿势，发展基本活动能力，形成各种体育知识或活动的初级概念，培养主动参与体育活动的意识和对各种活动的自信心和意志力，以及有在体育中与同伴合作的能力，善于发现某些体育特长
初等教育阶段学校体育的目标	增强体力，全面提高身体素质，了解和掌握自身周围生活中的体育、安全、卫生和运动的基础知识，培养对体育的广泛爱好和兴趣，以及各种积极向上的品质与乐观向上的积极态度，打好身体训练的基础
中等教育阶段学校体育的目标	进一步提高身体素质水平，巩固提高所学的运动技能，发展体育特长，掌握科学锻炼身体的原理和方法，进一步发展各种能力，培养良好的体育道德作风，对一些具有一定运动基础和才能的人进行专项训练
高等教育阶段学校体育的目标	巩固身体素质水平，全面提高体能，提高体育文化素养，能够运用适当的方法指导自己或他人科学地锻炼身体，形成坚持体育锻炼的习惯，全面提高心理素质和社会适应能力，组织开展校内体育的专项训练

第二，按照性质，学校体育可划分为条件目标、过程目标和效果目标。条件目标是实施学校体育应该达到的客观条件，比如管理条件、师资条件、场地器材条件等。过程目标是指一定的阶段和时间里实施各项体育活动应达到的分目标，包括科研与管理目标、体育教学目标、课外运动训练目标等。效果目

标是指学校体育所达成的最终效果，具体内容：有效地增进学生的健康；使学生能较为熟练地掌握和应用基本的体育与健康知识和运动技能；形成运动的兴趣、爱好及坚持锻炼的习惯；培养和形成良好的心理品质，提高人际交往能力与合作精神；提高对个人健康和群体健康的责任感，形成健康的生活方式；形成积极进取、乐观开朗的生活态度；提高少数学生的运动技术水平。

第三，按照学校体育的内容，可分为体育课程目标、课外体育活动目标、体育教学目标等。体育课程目标是学生通过体育课程的学习应达到的目标、领域目标、水平目标的总称，每个教育阶段都会有不同的运动参与目标、运动技能目标、身体健康目标、心理健康目标等。课外体育活动目标主要是指利用课余时间开展的巩固、提高与运用体育课所学习的体育知识技能，丰富课余文化生活，养成用体育锻炼娱乐的习惯，提高终身体育的能力。体育教学目标就是教师在教学前所拟定的教学指标，是预期学生在体育教学的实际情境中产生的学习结果。

（3）实现学校体育目标的途径

学校体育的形式主要包括体育课和课外体育活动这两种。体育课和课外体育活动担负着学生最主要的学校体育活动内容，是学校体育的中心工作和重要环节，因为其在学校体育中发挥的作用和本身的特点都各不相同，所以其在实现学校体育目标的过程中也具有各自不同的作用和特点。

第一，体育课。体育课是学校体育的基本组织形式，在现今的教育体系中，除了学前教育阶段和研究生教育阶段，体育课是教育部制定的教学计划所规定的各级各类学校都应该开设的必修课。每个教育阶段所开设的体育课都有相应的课程标准或教学大纲，按一定的班级授课，一般从小学一年级到大学二年级，体育课每周有两学时，有的省市也在试行每周三学时。体育课有统一的体育课本和一定的场地、器材设备作为保证。在通常情况下，体育课是学生毕业、升学考试的考试科目之一，每学期或每学年都要进行相应的考核。体育课承担着对学生进行系统的体育教育的重任，通过体育教学能使学生系统地学习和掌握体育基本技能和体育卫生保健知识，增强学生的体质，全面发展学生身体素质并对学生进行思想品德教育，是实现学校体育目标的重要途径。

第二，课外体育活动。课外体育活动是指正式体育课之外的学校体育活动，其内容十分丰富，包括早操、课间操、课外体育锻炼、个人体育锻炼、班级体育锻炼、课余体育训练、课外运动竞赛，以及节假日组织的郊游等形式的体育活动。课外体育活动也是学校体育的重要工作，是实现学校体育目标的重要途径，它对巩固和提高学生的体育知识和技能，丰富学生的课余生沽，培养学生的体育兴趣，形成良好的作息制度和习惯，丰富学生的课余生活，提高学生学习和生活的质量，发现和培养运动人才等方面具有重要的作用和意义。并且在这个基础上，课外体育活动与体育课相结合，两者互相促进、密切配合，共同实现学校体育的目标。

（4）实现学校体育目标的手段

顺利实现学校体育教育目标的手段：第一，面向全体学生贯彻学校体育教育，学校体育是学校教育的重要组成部分，所以要充分发挥学校体育的积极作用和影响，确保学校体育在全面发展教育中的地位，全面贯彻实施学校体育教育，学校体育要面向全体学生，保证全体学生都有享有体育的权利。要创造一切条件，组织和动员全体学生参加各种形式的体育活动，使他们获得身心的全面发展，对于体育基础较好、具有运动天赋的学生，要利用已有的条件尽量满足他们的需求，提高他们的运动水平；对于存在身体缺陷或患有某些疾病的学生，要根据他们的实际情况安排一些适当的保健体育活动。总之，学校体育工作要得到全面的贯彻实施，要面向全体学生，这样才有可能实现学校教育的目标。第二，系统性开展学校体育活动，要使学校体育活动和工作顺利开展，并取得良好的效果，实现学校体育目标，就需要在整个学校教育的基础上系统性开展学校体育活动。因为学校体育是一项系统性工程，学校体育目标的实现有赖于学校教育系统的有力支持和学校体育整体效益的获得。首先，作为学校教育的有机组成部分，学校体育应该与学校的工作相结合。一方面，学校体育的工作要遵守国家和政府颁布的学校体育工作的条例、决议、规定等政策，以及要遵守学校关于教育工作的各项规章制度，使学校体育与学校其他工作同步统一进行；另一方面，学校体育教育还要积极与健康教育、卫生保健等工作相结合，在向学生传授锻炼身体的知识与方法时，也要注意对学生进行体育卫生保健知识的教育，以及改善学生的营养和学校的环境卫生条件等。其次，学校体育实现的两个基本途径是体育课和课外体育活动，即课内和课外。虽然课内的体育课是实现学校体育的基本途径，但是每周仅两三课时的体育课并不能满足学生的需求、实现学校体育目标的需要，因而课外的体育活动显得尤为重要。学校体育要坚持将课内和课外结合起来，既要保证体育课的质量，又要有丰富多彩的课外体育活动进行补充，使之形成一个不可分割的整体，共同促进学生的身心健康，实现学校体育的目标。总之，在学校的整体教育中，要系统地开展学校体育活动，使学生得到身心的全面健康发展，顺利实现学校体育的目标。第三，营造良好的学校环境条件，学校环境条件对学校体育教育水平具有重要的影响。学校体育环境条件主要包括硬件和软件两个方面，这两个方面对于学校体育目标的实现都具有重要的意义。一方面，硬性条件是实现学校体育目标的物质保障，学校应该将学校体育经费纳入核定的年度教育经费预算中，积极筹措必要的经费，配置和改善学校的体育器材设施；另一方面，良好的软性条件不仅可以积极引导和激励学生参与体育活动，还会对学生的体育兴趣、动机、爱好、态度等形成潜移默化的影响，因而学校应该努力构建学校体育的传统和良好风气，营造积极向上的体育氛围，促进学校体育目标的实现。第四，加强学校体育的科学研究，随着我国社会主义现代化建设的进行，对学校教育人才培养也提出了一系列新课题，学校体育也处于一系列深刻的发展和变革之中，实践中出现的许多理论问题和实际问题亟需解决，这就需要对学校体育进行科学研究，以期更好地实现学校体育的目标。在进行学校体育的研究时，要与我国的基本国情相适应。我国地域广阔，各级各类学校的体育基础和发展极不平衡，不同地区的学校所面临的实际问题也各不相同，因此，加强学校体育的研究是很有必要的，这是深化学校体育改革、提高学校体育质量的必经之路。

（二）学校体育的结构与功能

1．学校体育的结构

学校体育是一项有目的、有计划、有组织的教育活动，主要是在以学校教育为主的环境中，运用身体运动、卫生保健等手段，对学生施加影响，促进其身心健康发展。据此可以将学校体育的结构划分如下。

（1）运动教育

第一，体育与健康课程。体育与健康课程是一门学校必修课程，它主要以身体练习为手段，目的是促进学生的健康发展。体育与健康课程是学校课程体系的重要组成部分，对当前我国实施素质教育、培养全面发展的人才具有重要意义。

第二，课外体育活动。课外体育活动面向全体学生，是学生以班级为单位，在课余时间开展的以健身、娱乐活动为主要内容的体育活动，目的是满足学生的身心发展需要。课外体育活动能提高学生积极参与体育活动的兴趣，对促进学生的生理健康、心理健康，以及社会适应能力的提高具有重要的意义。

第三，课余体育训练。课余体育训练是指在体育教学中，体育教师利用课余时间，对部分在体育方面有一定天赋或运动特长的学生，以运动队、代表队、俱乐部等形式对其进行较为系统的训练，目的是促进这一部分学生专项运动技术水平、体能素质、心理素质的发展，培养优秀的竞技体育人才。

第四，体育竞赛。体育竞赛是指在体育教学中，体育教师充分利用课余时间，组织学生以运动项目、游戏活动、身体练习等为内容，根据正规、简化或自定的竞赛规则进行比赛的活动。目的是促进个人或集体在竞技状态下各项素质的提高。

（2）健康教育

健康教育是一系列有计划、有组织的教育活动，主要内容是传授健康知识、建立卫生行为、改善环境的教育。健康教育的目的是改善学生的不良行为习惯和生活方式，以促进学生预防疾病、促进健康。在进行健康教育时重点是帮助学生建立健康的观念和意识，并将这种健康意识带到日常的生活、学习、工作中去。

2．学校体育的功能

功能是指功效、作用，它是某一事物在环境中所能发挥的作用和能力。所谓学校体育功能则是指学校体育在一定的环境和条件下对人和社会所能够发挥的作用，它与学校体育的过程结构和学校体育的环境有着密切的关系。学校体育本质反映出了学校体育功能，学校体育功能映射出学校体育对人的物质机体与人的精神思维及社会物质与社会精神等方面的多种作用。根据系统论的观点来说，学校体育不仅是学校教育的一个子系统，也是国民体育的一个子系统，由此可见，学校体育功能不但是学校教育功能的构成部分，而且还与国民体育的功能密切联系在一起。

由于研究问题的角度不同，学校体育功能的分类也有不同的表述和认识。通常，学校体育的功能主要有以下几种分类方法：根据作用的对象不同，可以将学校体育功能划分为本体功能和工具功能；根据作用的层次不同，可以将学校体育功能分为基本功能和派生功能；根据作用的方向和表现形式，还可以将学校体育功能分为显性功能和隐性功能。但是，无论根据什么样的划分标准进行划分，学校体育的功能实际上都是围绕着人和社会来分类的。这就决定了学校体育具有育人功能与社会功能这两大主要功能。

育人是学校体育的本质功能，根据对学生不同方面的培养和教育，具体可分为以下几个方面。

（1）教育功能

学校体育有着深刻的内涵和功能，教育功能是其重要的方面。

德育——使学生形成优良品德。学校体育是德育的重要内容和手段，有助于学生的个体社会化过程和人格完善过程。学校体育在德育方面的作用主要体现在以下几方面。

第一，学校体育可以培养学生的信念与道德认识，尊重、纪律、规则、法律，公平、民主，合作、竞争等。

第二，学校体育对于“微缩的社会”这个特殊德育环境的营造具有积极的作用，通过体育活动能够强化学生的道德信念，并将其内化为学生具体的道德行为。

第三，学校体育对于学生的个性意志品质的培养具有推动作用，能够使学生的勇敢、顽强，面对挫折的承受力、面对困难的忍受力等有一定的改善。

第四，学校体育对于学生的集体主义和爱国主义精神，以及荣誉感和责任感的形成有较大的指导作用。这是学校德育的重要内容，同时也是对现代人必备素质的一大要求。

经常参加体育活动，可以对学生的智力起到积极的促进作用。人体在进行体育运动时，包括听觉、视觉、平衡觉、本体感觉等多个感官都要参与到运动工作中来，各种感觉信息不断传入大脑皮层的各个中枢，从而使得大脑细胞被活化、刺激，进而使大脑的供氧量得到改善，对大脑思维活动的物质——脑啡肽的分泌有非常积极的促进作用，能够使人头脑清醒、思维敏捷。

经常参加体育活动，有利于全面培养人的观察能力、记忆能力、诱导想象力和思维能力。除此之外，运动对于大脑右半球的开发有较大的促进作用，有利于儿童的直觉、空间转换、形体感知等形象思维及创造力的发展和进一步提升。

美育——培养学生的审美情趣。学校体育不仅具有塑造人体美的功能，而且还可以改善和优化学生的心灵美、行为美及运动美，学校体育的这“四美”功能，在运动实践中得到完美的体现和结合。

体育锻炼对健美身体的塑造作用是非常直接的。经常进行体育锻炼，能够使学生达到健康的标志——体魄健美、身材匀称、姿态优雅、动作矫健，同时，也就实现了人体美。学生通过在体育锻炼感受运动中的形体美、节奏美、动作美、服饰美及行为举止美，能强烈地体现到美感，能够使他们的审美和情趣得到进一步的升华。因此，学校体育是培育学生鉴赏美、表现美和创造美的既独特、具体，又有着极强的实践性的一种途径。

（2）健身功能

学校体育最原始、本质的、最为独特的功能就是健身功能，健身功能与学校体育相辅相成，不可分割。无论什么时候，健身功能都是学校体育最主要的育人功能之一。下面介绍几个学校体育的健身功能。

第一，促进身体发育，增强骨骼发育，青少年学生正处于生长发育的关键时期，身体具有较大的可塑性。实践证明，体育锻炼能够培养学生正确的身体姿势，促进机体的生长发育。经常参加体育活动，能够较好地促进骨组织的血液循环，起到使骨密质增厚，骨骼变粗，骨骼的坚固性、抗弯、抗断和耐压的性能显著提高的作用。除此之外，经常进行体育锻炼，对于骨骼的生长有一定的促进作用，这对青少年学生身高的增长有着积极意义。

第二，促进新陈代谢，改善身体机能，体育锻炼可以有效地提高机体的功能水平。经常进行体育锻炼，不仅可以增加人体内能量的消耗，还能使代谢产物增多，新陈代谢旺盛，从而达到使机体的各个器官系统如呼吸系统、神经系统、血液循环系统、消化系统等功能水平得到改善的目的。

第三，提高身体的基本活动能力和基本身体素质，体育锻炼对发展走、跑、跳、投、攀登、爬越等基本活动能力，以及力量、速度、耐力、柔韧性、协调性、灵敏性、平衡性等素质提升也有着非常重要的作用。

第四，保持身体内部平衡，增强身体对外界环境的适应，人类生存的自然环境和社会环境都是这里所指的外界环境，这是一个非常复杂的系统。

自然环境的变化是无常的，这就会不可避免地对人的健康和生命造成一定的威胁，人类无法改变自然，因而就必须随时通过对各器官系统功能的调节来适应这种环境的变化，使人体的内外环境能够保持相对的平衡。经常性地进行体育锻炼，不仅能够提高学生这种适应自然环境的能力，而且对疾病的抵抗能力也有很大的改善作用。

特别需要注意的是，随着现代科技的发展和人民物质生活水平的提高，人和社会的发展必定会受到一定程度的负面影响。比如，人的生物性的退化、人物关系的强化、社会应激增加、现代文明病的产生，以及人与人之间关系的淡化等，这些都赋予了学校体育健身功能新的意义与内涵。由此可见，现代学校体育的健身功能正从增强体质的单维结构拓展为促进人的生理发展、心理发展以及社会适应能力的三维结构。这既是满足人类自身发展需要的必然性，也是时代赋予学校体育的新使命。

（3）娱乐功能

娱乐功能也是学校体育育人的重要功能之一。学校体育的课余活动与竞赛，是学生课外活动的重要内容。这主要体现在两方面：首先，学生通过参加体育活动，不仅能够调节感情、丰富生活，而且还能够缓解由于学习所引起的神经紧张和疲劳；其次，通过观赏体育活动的训练、表演及比赛，学生能够得到心理和精神上的双重满足和享受。除此之外，学校体育还是学生休闲的重要手段，为学生扩大社会交往提供重要媒介，也为学生表现自我、展现自我提供所需的重要舞台。

需要注意的是，学校体育在某种程度上会对学生未来的生活方式产生巨大的、潜移默化的影响。通过参加学校体育锻炼，学生在学校体育活动中便会得到满足的乐趣和愉快体验，这些都会对他们的体育态度，甚至他们未来的人生态度产生非常重要的影响，这种受益将是终身的。

（4）文化功能

文化功能是学校体育育人中最为重要的功能之一。学校体育是校园文化的重要内容。学校内部和学校之间经常会开展多种多样的体育活动，这些活动的开展不仅能够丰富学生文化生活，还能够营造一种健康向上的人文氛围和环境，有利于学生的健康成长。学校体育是体育文化的重要传播途径。学校通过各种活动形式和教育手段，对学生进行全面、系统的身体教育，从而促进学生掌握体育、卫生保健等方面的基本知识、技术，以及科学锻炼身体的方法，而这一传授和吸收、接受的过程就是体育文化的传播过程，体育文化就这样被一代代地传递、延续和继承下去。学校体育对体育文化的创新与发展也非常重要。理论与实践手段的创新和发展，都与学校体育有着密切的关系，不可分割。

（5）经济功能

学校体育的经济功能表现在诸多方面，比如，高校的高水平运动队或俱乐部的商业活动、学校体育产业问题等。除此之外，通过改善和提高未来劳动力的素质，来促进国民经济的增长是学校体育的最根本的经济功能，尽管这一方面的功能与教育的社会功能有一定的联系。

（6）辐射功能

随着我国社会体育的不断发展，学校体育对社区体育和家庭体育的辐射作用也日益凸显出来。当前我国社会体育的现状主要表现在两个方面：一是必要的体育场地、器材和设施等基本条件的严重缺乏；二是社会体育的指导员和体育骨干的严重缺乏。要解决这两个问题，最主要的途径还是学校体育。

除此之外，学校体育的辐射功能还体现在学校体育本身向纵向的时间和横向的空间拓展方面，这也是学校体育发展的一个必然趋势，是对终身体育的积极回应。现代学校体育在时间和空间上正在朝着跨越封闭的学校界限，与社会体育、家庭体育形成相互辐射的有机整体的方向迈进。

学校体育的几种功能促进学校体育的内容不断丰富，并且朝着更好的方向发展，学校体育的发展体系也在这种发展中不断得到完善。

二、体育课程

（一）体育课程的概念

1．课程的概念

课程在教育活动中处于基础和核心地位，但关于课程的概念至今没有达成能够得到人们公认的统一的结论。

在我国传统的课程教学中，通常会将课程看作是一种有着严密计划的系统内容，是一系列教学科目的集合。具体讲，就是指“教学计划”“教学大纲”和“教科书”所规定和表述的那些教学内容。

2．体育课程概述

体育课程属于学校课程的一部分，我国体育课程的概念也存在多种定义，如“体育课程是以发展大学生体能增进大学生身心健康为主的一种特殊的教育性课程，它与德育课程、智育课程、美育课程、劳动教育课程相配合，共同促进大学生身心全面发展，是整个学校教育的一个方面的课程”“体育课程是指为实现学校体育目标而规定的体育内容及其结构、程度和进程。它包括体育课程目标、体育课程内容、体育课时分配、课外体育锻炼等”。还有的理念认为体育课程与传统的语文、数学等学科课程不同，它是全面发展教育的一个方面的辅助课程，由此便将体育课程定义为“体育课程，是指在学校指导下，为了使大学生能在身体、运动认知、运动技能、情感和社会方面和谐发展的，有计划、有组织的活动”。

鉴于此，我们可以为体育课程下一个定义，体育课程是指以相关学科为基础，以身体运动原理、保健知识为内容，以大学生直接身体运动为形式，开展有计划、有组织的课内外活动，从而实现提高人体机能、发展心理健康目标的学校教育科目。

（二）体育课程的结构

课程结构指的是按一定标准选择和组织起来的课程内容所具有的各种内部关系。体育课程作为学校重要教育科目之一，具有其自身独特的教育教学目标和内容方法，因此，体育课程的结构也有其自身的特殊性。

1．体育课程的内容

体育课程的内容是体育课程的实体。从一定意义上说，全部课程问题就是内容问题，课程的设计、课程的目的、课程的评价，以及课程的实施，都可以理解为围绕着课程内容的安排及其结果展开的。对于体育课程来说，体育运动技术、运动原理、健康保健知识，以及围绕这些内容而开展的课余体育活动、大课间体育活动、各种运动会及单项体育竞赛等都是最直接、具体而实在的事情。可见，体育课程的内容是实现课程目标的实体。

体育课程的内容涉及体育基本理论知识、各种身体运动素质锻炼内容和多个运动项目的技术技能。通过体育课程的教学，不但要传授给学生一些与健康生活、体育运动密切相关的知识和原理，而且要通过身体练习提高学生的体能，使其掌握进行自身体育健康促进的能力，并在这种以身体活动为主的课程中培养良好的心理水平。从体育课程内容的来源素材来说，既丰富多样，同时也复杂和繁乱，它是由众多的运动项目和身体练习所组成的，因此在理论上说，体育教学内容很多。体育课程内容的选编既有着很宽广的可能性，也面临着选择最合适教材的困难。

此外，体育学科尚属年轻的学科，对体育学科的本质和特性还没有形成定论，有待于广大体育科研工作者深入地研究。随着时代的变迁，体育学科越来越深入到人们的生活和工作的诸多方面，体育的功能和价值随着社会背景的变迁也在不断地变化。在原有基础上，各种新的、外来的运动文化和形式也不断涌现。在这种情况下，体育课程内容的构建变得更加复杂和困难。如何把握体育学科的本质属性，结合社会的发展和人才培养的目标来选择构建体育课程的内容成为体育学科的核心问题。

2．体育课程的编排

体育课程的编排需要在一个非常严谨且科学合理的基础上才能进行，它不是一种随意的行为。另外，对于体育课程的编排还会受到许多因素的影响和制约。其中主要的因素要数体育课程的时间和空间问题。

（1）体育课程的时间问题

体育课程的时间问题是指作为学校教育的组成部分，体育课程从小学开始到大学毕业始终伴随着学生的成长，是学校教育阶段持续学习时间最长的一门课程。从学生角度来说，这个阶段他们的身体和心理发生了巨大的变化，作为体育课程必须考虑学生在不同年龄阶段的身心特点，合理有效地选择和编排课程内容。学生身心发展的规律，对考虑体育课程内容的先后顺序起着指导作用。

（2）体育课程的空间问题

体育课程的空间问题是指体育课程不同于其他学科课程，它的主要教学组织形式和内容需要在广阔的空间内进行，甚至是以场地来命名的，如田径、沙滩排球、郊游等。也就是说，这些相应的教学内容如果脱离了特定的教学空间，其内容就会发生质的变化，甚至内容本身就不存在了，如游泳课不能在泳池中进行（陆上游泳动作练习内容除外），那么几乎就不能称之为游泳课了。由于体育教学内容的空间制约性，使得体育教学内容对场地器材有很大的依赖性，而且使得场地、器材、规则本身也成为体育教学内容的重要组成部分。因此，在体育课程的编排上也需要充分考虑学校本身条件、不同运动项目及学生人数等所需的空间问题。

3．体育课程的载体

课程就是课堂教学、课外学习，以及自学活动的内容纲要和目标体系，是教学和学生各种学习活动的总体规划及过程。就体育课程来说，不仅包括课堂教学，还包括校内组织的其他形式的体育活动，以及相关的体育教材和各种辅助材料等，体育课程就是通过这样一些载体来呈现并实现的，它们是体育课程目标达成所需的必要条件。

体育课程从学生身心发育的特点出发，遵循基本的教育性、科学性原则，通过课堂教学活动为学生传授进行体育锻炼的基础知识，培养学生的运动技能，发展学生的体能，促进其身体健康发展，而且还为学生进行终身体育锻炼打下基础。校内各种其他体育活动，如大课间体育活动、课后体育活动、体育竞赛等，则是在更大范围内组织和调动学生进行体育锻炼，让学生在不同的场合和情境中获得有关体育方面的感受，从而进一步落实和促进学校体育课程目标的实现。此外，还有一种实现体育课程目标的载体，那就是体育教科书，学生在课堂上学习的知识和运动技能可以在课后通过体育教科书进行巩固，加深认识；作为一种辅助学生学习的手段，在课堂上还可以充当学习卡片、记录手册等作用，促进教与学目标的达成；还可以通过教科书来扩大学生相关体育内容知识面，提高学生对体育的总体了解。体育课程的目标借助这样一些载体最终得以实现。

（三）体育课程的特性

1．体育课程内容的特性

体育课程内容非常丰富，也有着鲜明的特性。体育课程是由众多的竞技运动项目和身体练习所组成的，而且运动素材的数量很多，在理论上可以称为体育教学内容的也很多。很多具有规范竞赛规则的竞技运动项目可以选入体育课程，我国民族传统的有些运动项目可以选入，有些小巧好玩的身体游戏可以选入，有些具有很直接的体能锻炼效果的练习方法可以选入，还有一些表演性、娱乐性很强的活动也可以选入体育课程内容，可以作为体育课程素材的身体练习（运动项目）非常丰富，而且不同地区和民族还存在很大的差异性。在这种情况下，体育课程内容的选编既有着很宽广的范围，也面临着选择最适合教材项目的困难。

体育与其他学科的最大不同是通过身体活动对学生进行教学的，由于身体活动的空间自由性，人际交流的便利性，教学效果的行为判断性，由于运动的“热血”效果而出现的情感激发性和外露性，外界干扰的复杂性等，因此体育学科既有对人的情意、人的行为规范、人际交流等发展方面的特殊作用，有时也可能对学生的自尊心等造成伤害。从课程内容传授的知识类型来看，体育课程传授给学生的知识更多的是具有操作性、身体实践性和直接参与性的知识，是通过身体动作和练习来获得的认知，甚至是对客观世界的另外一种认识方式，它将对学生今后的身体健康和生活发挥作用。

2．体育课程编排的特性

体育课程编排的特性主要表现出了一种起点、终点不明和递进的非逻辑性。任何学科的内容逻辑性无非是逻辑的关系和并列的关系。以知识、原理为主要内容的学科，如数学、物理、化学等内容结构主要是一种逻辑的内部关系，如数学的加减法必在乘除法之前，乘除则必在混合运算之前，等式必在不等式之前，一次方程必在二次方程之前等，前者是后者的基础，后者是前者的发展，两者顺序不能颠倒，内容之间表现出很强的逻辑关系。而与之不同的是，以各种技能、知识为主要内容构成的学科，如体育、美术、音乐、技术教育等，主要是一种并列的内部关系，如篮球和体操先教哪个都可以，只要在规则、道具和动作上加以改造，哪个项目都可以变得很难或很容易，二者可以互换和颠倒，甚至可以取消其一，谁都很难说一个内容是另外一个内容的基础或提高，二者之间没有很强的依存关系，二者在很多时候还可以达到共同的教学目标。

还有一些学科处在逻辑性关系和并列性关系之间，如语文、历史、地理、外语等。由于从众多的运动素材中选编出来的体育课程内容更多时候看上去是一种并列关系，而不是一个清晰的从易到难、从基础到提高的内容体系，内容的递进缺乏逻辑性，看不清、找不到体育课程的起点和终点，这种情况给体育课程的编制带来了一定的困难。

3．体育课程载体的特性

任何课程的发展都需要依赖于一定的载体，体育课程也不例外。发展到现在，体育课程具有非常丰富的内容体系，同时随着时代的变迁，一些现代化教学手段被引进体育课程。体育课程的载体不仅包括教科书（学生用书和教师用书），还可以辅以相关的视频观看、网络化学习、体育学习卡片，等等。体育课程的教学不再只是讲解和示范，学生对各种动作、运动项目的学习和理解会变得更加直观、生动、丰富，不同的载体为体育课程目标的实现发挥着各自的作用，帮助学生认识、理解、体验和运用体育课程内容。因此，如何有效地利用这些课程载体，提高体育教学质量，提高学生学习的兴趣和学习效果是体育学科需要不断研究探索的课题。

在众多的课程中，体育课程具有一个鲜明的特点，那就是仅通过体育课堂教学还无法完成体育课程的目标，还需通过其他的一些途径。比如课余体育锻炼、各级各类体育竞赛、运动会、体育文化节等，这些不同的方式、途径是体育课程课堂教学的延伸和运用，对体育课程目标的实现具有很好的促进作用，是学生学以致用，展现体育学习、锻炼成果的有效方式。现如今各级各类学校都在积极探索、尝试不同的体育学习方式和途径，随着校园体育文化内涵的不断丰富，体育课程目标实现的途径也将呈现出百花齐放的局面。

第三节　体育运动对健康的促进作用

一、体育运动对身体健康的促进作用

体育运动对人体的运动系统、呼吸系统、心血管系统、神经系统和消化系统均有良好的影响。

（一）体育运动对运动系统的健康促进作用

人体的运动系统由骨骼、关节和肌肉组成。骨骼是人体运动的杠杆，关节是运动的枢纽，肌肉是运动中收缩的动力。因此，人体的一切运动，就是依靠这 3 个部分的整体合作来完成的。

1．体育运动促进骨骼的生长

长期坚持体育运动能使骨骼发生良好的变化：骨表面肌肉附着的突起更

加明显，骨密质增厚，骨小梁增粗，而且根据压力和拉力的不同，排列更加整齐，更有规律。由此可以看出，通过参加体育运动，能够使骨变得粗大、结实、更为坚固，从而使骨的抗折、抗弯、抗压缩和转方向的性能得到进一步的提高。

参与的体育运动的项目不同，对人体各部分骨的影响也会有一定的差异性。经常从事以下肢活动为主的项目，如跑、跳等，往往会对下肢骨产生较大的影响；而从事以上肢活动为主的项目，如举重、投掷等，则会对上肢骨产生较大的影响。体育运动的效果也不是永久的，当体育运动终止后，运动引起的骨的变化就会逐渐消失，因此，体育运动应该经常化。同时，体育运动的项目要多样化，以免造成骨的畸形发展。

2．体育运动促进肌肉的改善

经常坚持体育运动，能够有效减少肌肉中的水分，使蛋白质增多，从而使肌纤维增粗，肌肉的体积增大，结实、健壮、收缩力强，使肌肉的弹性和伸展性得到有效的提高。正常人肌肉约占体重的 30% ～ 40%，经常参加体育运动的人，肌肉可占体重的 45% ～ 50%。其次，肌肉中的肌糖原、磷酸肌酸、肌红蛋白、肌球蛋白、肌动蛋白的含量都有明显增多，这些物质的含量多，不仅能够使肌肉的收缩能力有所提高，还能够使肌肉能量和内氧的储备量有所增加，从而使肌肉的耐久力也得到相应的增加。

3．体育运动促进关节的保护

科学系统的体育运动，能使韧带、肌腱逐渐稳定，提高机体的稳固性和灵活性，拓宽关节的活动范围及动作幅度，减少运动的潜在风险。

（二）体育运动对神经系统的健康促进作用

体育运动对神经系统的健康促进作用主要表现在以下两个方面。

1．体育运动能够促进中枢神经系统整合功能的提高

参加体育运动，能够使中枢神经系统的整合功能得到有效改善，使其反应灵活迅速、准确协调。在体育运动中，各反射中枢之间和反射弧的各环节之间的联系得以建立，并不断强化、巩固，神经系统的网络化过程得以加速。所有

这些都增强了中枢神经系统，包括大脑皮层的功能，从而使人的整体反应性、协调性和适应性得到进一步的提高。

2．体育运动能够促进脑组织的血液循环的改善和大脑工作效率的提高

体育运动能够促使血液循环加快，在单位时间内流经脑细胞的血液增多，使脑细胞得到更多的养料和氧气，能迅速将代谢产物排除，对于消除疲劳，使头脑清醒，思维敏捷，提高学习效率起到促进作用。

另外，体育运动还可以加强对脑细胞的良性刺激，维持中枢神经处于一定程度激活状态，维持甚至增强其应急能力，增强大脑活力，有效推迟脑组织的衰老，防止功能性神经衰弱疾病的发生。

（三）体育运动对心血管系统的健康促进作用

体育运动对心血管系统各方面机能的改善起到积极的促进作用，具体表现在以下几个方面。

1．体育运动促进心脏形态、结构的改善

体育运动能使心脏的形态、结构和组织成分发生变化。人经常参加体育运动可使心肌纤维增粗，心肌中毛细血管增多，心肌的收缩蛋白和肌红蛋白的含量增加，心肌增厚，心肌的收缩力增强，心脏的体积和容积增大，为心脏长时间有力地收缩提供了条件。

2．体育运动促进心脏机能的增强

经常参加体育运动者，在运动量相同的情况下活动时，心跳的频率和血压的变化都比一般人小，不易产生疲劳，而且在安静状态下恢复也快。而一般人就要靠增加心跳频率来满足需要，缩短了心脏的休息时间，会过早产生疲劳，运动后恢复时间也较长。这主要是因为经常锻炼的人，心脏收缩力强，每搏输出量大，适当增加心跳频率就可以满足要求，很显然这是心脏机能的“节省化”现象。

3．体育运动能够降低心跳频率，促进每搏输出量的增强

经常从事体育活动的人，特别是长时间低强度体育活动可使静息心率减慢，这种现象称为窦性心动徐缓。这是心脏泵血功能增强的表现，是由于控制

心脏活动的迷走神经作用加强，而交感神经作用减弱的结果。安静时心跳频率减慢，心脏可以得到更多的休息时间。

4．体育运动有助于血压降低

经常进行体育运动，能够有效改善中枢神经系统对血液循环器官的调节机能，使小动脉血管的紧张度有所降低，血流的外围阻力有所降低，将血管壁上脂类沉积物清除掉，使血液中胆固醇的含量降低，使小动脉血管的张力和弹性有所提高，从而使血压下降。经常参加体育运动可加快静脉血的回流，改善血液循环的功能，对于预防心血管疾病的发生起到积极作用。

（四）体育运动对呼吸系统的健康促进作用

经常参加体育运动，由于氧气的大量消耗和二氧化碳的大量排出，加重呼吸系统的工作强度，使呼吸器官的机能得到锻炼和改善，增加呼吸肌的力量和耐力，使肺活量增大，空气容量增加。

1．体育运动有助于呼吸肌的增强

经常参加体育运动能使呼吸肌增强，胸腔容量增大。呼吸的深度与胸廓有关，呼吸肌发达了，使胸围显著增加，呼吸运动的幅度得到扩展，呼吸差增大。一般人的呼吸差（尽量吸气和呼气的胸围差）只有 5 ～ 8 厘米，而经常参加体育运动的人，呼吸慢而深，呼吸差可达到 9 ～ 16 厘米。这样可使肺内容纳更多的空气，从而更加顺利、充分地进行活动时气体交换。

2．体育运动有助于肺活量的增加

经常参加体育运动特别是做一些伸展扩胸运动，能够增强呼吸肌力量，扩大胸廓，对于肺组织的生长发育和肺的扩张十分有利，能够使肺活量增加。另外，运动时经常深呼吸，也可促进肺活量增长。运动实践已经证实，经常参加体育运动的人，肺活量值高于一般人。

3．体育运动有助于呼吸深度的加大

一般人的呼吸肌力量弱，常呈现浅而快的呼吸形式，静息呼吸频率为 12 ～ 18 次 / 分，常参加体育运动者由于加强了呼吸力量，可使呼吸深度增加，有效地增加肺的通气效率，适当地增加呼吸频率，可使运动时的肺通气量大大增加。

二、体育运动对心理健康的促进作用

保持积极的情绪状态，正确对待生活中不可避免的困难和挫折，将自己的潜能充分发挥出来，对个体的一生来说是非常重要的。参加体育活动就是调节个体的情绪状态、促进心理健康水平的重要手段之一。

具体来说，体育运动在心理健康方面产生的作用主要表现在以下几个方面。

（一）体育运动有助于自我概念的清晰度逐渐提高

个体主观上对自己的身体、思想和情感等的整体评价，就是所谓的自我概念。通常情况下，可以将自我概念分为社会方面的自我概念和身体方面的自我概念。身体表象和身体自尊障碍在正常人群中是普遍存在的。

坚持体育运动可使体格强壮、精力充沛，因而，体育运动能够使人的身体表象和身体自尊得到有效的改善。锻炼者比非锻炼者具有更积极的总体自我概念；体能强的人比体能弱的人倾向于具有更高水平的自我概念和更高的身体概念；肌肉力量与身体自尊、情绪稳定性、外向性格和自信心呈正相关。因此，更积极的自尊心，更高水平的身体概念和自我概念与高水平的体能状况相关。

（二）体育运动有助于智力的发展

体育运动一方面对血液循环和心肺功能的增强有积极的作用，能够使大脑获取更多的氧气，给大脑的记忆和思维能力提供必要的物质保障，能够提高脑力劳动的效率。另一方面，体育活动能够使神经系统的兴奋和抑制过程更加有效，使其对各种刺激的反应更加迅速、准确，为智力的发展奠定物质基础，与此同时，其还能够使人的视觉、听觉、本体感觉、神经传导速度、神经过程的均衡性和灵活性得到进一步提高，对神经系统功能的增强起到积极的促进作用。

人们在长时间的学习过程中，大脑皮层的相关区域由高度兴奋状态转向疲劳，导致学习效率下降。参与体育运动，能使大脑皮层的相关区域形成兴奋与抑制合理交替机制，降低疲劳感，提高学习效率。

（三）体育运动有助于获得良好的情绪体验

个体在复杂多变的社会环境中，常常会产生紧张、压抑、忧虑等不良情绪反应，通过参加体育运动，能够使个体从烦恼和痛苦中摆脱出来，降低应激水平，使处理应激情境的能力增强。经常进行身体锻炼，能够有效改善锻炼者的焦虑、抑郁、紧张和心理紊乱等消极的心理变量，而愉快等积极的心理变量水平则明显要高一些。由此可以看出，体育运动能够有效缓解和改善不良的情绪和心理状态。

学生通过参加体育活动，特别是参加那些自己喜爱和擅长的运动项目，会在身体完成各种练习的过程中、在与同伴默契配合的过程中、在与对手斗智斗勇的拼搏过程中或在征服各种困难（如爬山运动等）时，得到一种非常美妙的快感和心理上的满足，同时自尊心、自信心和自豪感在不同程度上也得到了增强。

（四）体育运动有助于形成和谐的人际关系

现代社会生活节奏的加快使人们越来越趋向封闭的状态，从而造成人与人之间感情交流的缺乏。体育运动则将这种封闭打破了，它使人与人之间产生亲近感，尤其是在竞争中，不同职业、年龄、性别、文化素质的人相聚在运动场上，使个人之间、集体之间的相互交流和协调更加频繁，是对个人心理品质严峻的考验和磨炼。在体育运动中，不管参与者之间认识与否，都可以找到相互交流的手段，一个手势、一套动作，都可以使人们团结、合作的欲望在运动中很快得到满足。由此可以看出，通过参加体育活动，能够加强参与者之间的交流，进而能够结识很多朋友，朋友间能和睦相处、友爱互助。

（五）体育运动有助于良好意志品质的形成

一个人的自觉性、果断性、坚韧性和自制力，以及勇敢顽强和独立主动的精神，就是所谓的意志品质，可以说，这是一个人行为特点的稳定因素的总和。在体育活动中，学生的情感体验表现得鲜明强烈、丰富多彩、紧张多变，而且情绪的产生和变化直接影响到身体各部分能力的发挥，从而影响运动成绩。运动中体验到的轻松感、获得胜利的喜悦感，不仅能够使运动的动机得到有效的激发，而且对于勇敢拼搏的意志的激发，也起到积极的促进作用，从而使运动技术得到充分发挥，进而取得良好的成绩。而心怀恐惧、情绪低落、缺乏信心，则往往妨碍技术的发挥而导致失败。因此，在体育运动中，有意识地控制自己的情绪和冲动，克服客观方面的困难，不仅可以集中注意力以取得好的运动成绩，而且可以锻炼个人坚持实现目标、克服困难的意志品质。

（六）体育运动有助于心理疾患的消除

适宜的体育运动对于有心理障碍的个体能够产生积极的影响，使其获得心理满足，产生积极的成就感，从而使自信心增强，摆脱压抑、悲观等消极情绪，并消除心理障碍。

第二章　现代体育运动训练的内容与理论基础

第一节　现代体育运动训练的核心概念

要进行科学的体育运动训练，不仅要掌握与体育运动训练有关的基本理论，同时还应该了解与体育运动训练相关学科的有关知识，只有这样才能够为体育运动训练奠定坚实的理论基础。本章将分别对体育运动训练的基本知识、学科基础以及发展概况进行分析。

一、运动训练学的概念

在了解运动训练的概念之前，首先应该了解运动训练学的相关概念，这有利于对运动训练的理解。运动训练学是一门研究和反映运动训练一般规律的新型体育交叉学科，它是在研究和总结运动训练丰富实践经验的基础上，广泛运用其他相关学科的基本原理与方法。

运动训练学概念的确立得益于其研究对象的正式确立，这也是一门新兴学科得以确立的重要标志与基本条件。运动训练学的研究对象就是运动训练的普遍规律，如包括竞技体育的地位和作用；运动训练的目的、任务和特点；运动训练原理和原则；运动训练方法与手段；身体训练；技战术训练；心理、智能训练；训练过程的计划和控制；运动员选材；负荷与恢复等内容。

运动训练学的研究对象确立以后，又逐渐建立起了自己的理论和内容体系。运动训练学的理论体系构成，可分为自然科学和社会科学两大类，具体如图 2-1 所示。

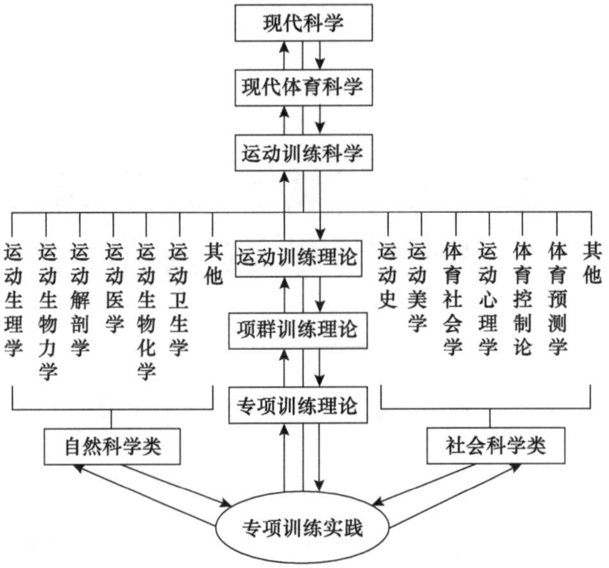

图 2-1　运动训练学的理论体系构成

通过了解上述理论阐述和分类示意图后可以认定，运动训练学是一门建立在专项训练实践、专项训练理论和现代体育科学技术发展的基础上，系统、概括地阐明了运动训练的目的、任务，原理和原则，选材的方法，训练的基本内容、方法，训练过程的结构，组织，控制和计划的安排，以及对运动员和教练员的要求和运动队的组织与管理等一般规律的一门新兴体育学科。

从图示中可以发现，运动训练学包含专项训练理论，这就说明两者有着些许关联，它们之间既有相似点，又有很多不同之处，即既相互联系又相互区别。

具体来说，两者的区别在于研究对象的不同。运动训练学是以运动训练的“一般规律”为主要研究对象的，也就是侧重于反映运动训练过程一般规律的基本理论的研究，阐明运动训练具体组织方法的理论基础和训练过程中带有共性的、普遍性的问题；而专项训练理论的主要研究对象则是各专项训练“特殊规律”，也就是侧重于专项训练的基本原理和方法、手段的研究。两者的联系在于它们之间是相互促进、互为影响的：一方面运动训练学高于专项训练理论，另一方面运动训练学又源于专项训练理论，是以专项训练理论为基础，从专项训练理论中总结出的带有共性规律的东西，使其上升为对运动训练具有普遍指导意义的理论，从而形成运动训练学的基本理论体系。

虽然对于运动训练学概念不同国家的运动训练学学者都有其各自的观点和表述方式，但不管其外在表现形式如何，有一个普遍认可的理论就是，运动训练学研究的不是某一个运动项目的特殊规律，而是各运动项目的普遍规律。根据这一理论，我国体育运动训练学家田麦久教授便在认可运动训练学研究对象不同的基础上将其区分为两大部分，一个是反映运动训练一般规律的“一般训练学”，另一个是反映专项训练特殊规律的“专项训练学”。从实践上看，这两个部分在运动训练中都是必不可少的，几乎在每堂训练课中都会涉及。而这种将一般训练和专项训练结合的训练方式几乎在全世界的体育运动训练领域中都存在，其所获得效果也是非常好的。

二、现代体育运动训练的内涵

（一）体育运动训练的定义

所谓体育运动训练，是指以教练员和运动员为主体，并在所有与运动训练有关的人员的积极配合下，以全面提高运动员的竞技能力，创造优异运动成绩，争取比赛胜利为目的而专门组织的一种准备性的体育教育过程。从词语原本的释义上来看，“训练”本是教导，练习之意，指为提高某种机能，掌握某种技能而进行的反复练习的过程。因此，将其套用在运动训练中后，“训练”则可以指为提高竞技运动能力和运动成绩而专门进行的一种体育实践活动，运动训练是对人的运动能力的改造与提高的过程。

但是在现代，仍然有许多人对运动训练的认识较为狭隘。在他们的思维中，认为运动训练主要指与教练员有关的，在运动场上从事的各种训练活动。而实际上现代运动训练则将与提高运动技术水平和运动成绩有关的所有过程都称之为“运动训练”，运动训练为提高和保持运动成绩的一切因素和措施的总和，其本身包含的内容更多。由此可见，运动训练不仅指运动场上的身体性练习活动，也指包括运动员选材，组织管理，运动竞赛，生活管理，心理、智力和思想教育活动，以及恢复和营养等一切与提高和保持运动成绩有关的过程。这个过程不仅有教练员和运动员参加，还有与此全过程有关的各方面的人员的参与，如科研人员、管理人员及后勤保障人员等。这一认识，是根据现代训练的特点所形成的对运动训练的一种全方位的、全新的理解，也是现代训练对运动训练的一种广义的认知。狭义的运动训练为广义的运动训练的核心，从事运动训练实践，既要考虑狭义运动训练，即影响运动成绩的直接因素，也要顾及除影响运动成绩的训练以外的因素，从而对运动训练的全过程进行全方位的调控。具体来讲，运动训练的概念主要包括以下几层含义。

第一，运动训练是一个专门组织的教育过程，教育以培养人，并以为人将来走向社会、参加各种社会实践活动做好准备为直接目的，运动训练也是如此，但运动训练又有其自身的特殊性。就运动训练来说，其更侧重于人的运动能力的培养与提高。这便决定了运动训练过程的目的任务、组织形式、内容、手段、方法等都有其自身的特点。因而在运动训练这一过程中，必须根据运动训练固有的特点对运动员进行科学训练，为国家培养优秀的人才。

第二，进行运动训练的主要目的是提高运动员的竞技能力，创造更好的运动成绩。运动训练并不是一种随意性的活动，而是通常具有非常明确的目的的。运动训练以不断提高运动技术水平，创造和保持优异运动成绩，争取比赛胜利为主要目的。因而，在运动训练中必须用各种手段与方法来充分挖掘、培养、发挥人体机能潜力，创造并保持优异的运动成绩。

第三，运动训练应该在教练员与运动员双方积极参与下实现。从人的因素来分析，教练员和运动员是运动训练最直接的参与、组织和实施者，失去任意一方，运动训练过程将无法存在。运动训练以运动员为主体，教练员则为直接组织者、实施者和指导者。运动训练具体成效是通过运动员在比赛中成绩来体现的，所以训练中既要发挥运动员的主体作用，又要发挥教练员的主导作用；既要有运动员的主观努力，也需要教练员的科学指导。只有教练员和运动员协调配合，共同努力，才能够最大限度地提高运动训练效果。

（二）运动训练与竞技体育的关系

当谈到运动训练与竞技体育的关系这个问题时，便可以将运动训练的最大用途发挥出来。如果运动员想有效提高自身的竞技运动成绩，那么首先他必须按照自己所从事的运动项目的客观规律行事，并且要严格遵循与之相关的训练规律和原则，在此基础上利用科学、合理的训练方法，在合理的运动计划指导下逐步完成运动训练。需要注意的是，训练计划一旦确定，就要严格按照计划内容进行训练，保证认真严格地落实计划，如此才能够取得相应的训练效果。

运动训练和竞技体育和竞技运动之间存在着密切的关联，他们不仅是一种从属性、层次性关系，同时还表现为以下几方面的内在联系。

首先，运动训练安排和要求在很大程度上都是以各个竞技运动项目的特点和竞赛规则的要求为依据。

其次，运动训练的成果只有在运动竞赛中才能最有效地表现出来，而运动竞赛的特定条件和气氛又为创造高水平运动成绩提供了平时训练中难以具备的良好的应激刺激条件。

再次，只有在正式比赛中表现出来的运动成绩才能得到社会的承认。

最后，竞技体育发展使运动训练项目和内容更加多样化，现代科学技术与体育运动的结合也使得训练方法和手段更加丰富。

除此之外，运动训练对竞技体育的重要作用还表现在以下三个方面。

（1）运动训练是竞技体育中的主体

一方面，在竞技体育中运动训练是其多种构成中最主要的一项。这样认为的依据是在竞技体育中，运动训练无论从所占用的时间，活动的容量，还是从运动团队对训练的人、财、物的投入来看都是最多的；另一方面，在竞技运动早期，对于运动员选材来说，实际上也就是为比赛的训练提供优质的素材，在运动员经过长期的训练后，会安排其参加一定级别的比赛，这种运动竞赛则是对其训练成效的检验。运动员的竞技能力的高低取决于多种效应，包括遗传效应及训练效应等多个方面。其中，训练效应是运动员获得竞技能力最重要、最有效的途径。只有通过长期，系统和科学的训练，运动员的竞技能力才能达到较高的水平，才能在复杂多变的比赛中表现出优异的运动成绩。

（2）运动训练对运动员选材的影响

决定运动员竞技能力的因素有两方面：一是先天遗传因素；二是后天训练因素。在科学的方法和相关教练员丰富的教学经验的结合下，基本上可以最大概率地选择出适合参与某个运动项目的苗子。科学选材结束后，还要在此基础上通过科学的训练，有效地发展运动员的竞技能力并使得运动员先天遗传性的竞技能力得到充分的展现。正确的选材是运动训练能否达到最佳效果和产出更多优秀运动员的前提条件，而科学选材与科学训练二者之间有着不可分割的紧密联系，相辅相成。也就是说，没有科学的训练，再好的苗子也不可能成为优秀的选手。

（3）运动训练对运动竞赛的影响

在运动员经过一段时间的训练后，在适当时候会被安排参加竞技比赛，力争最好的竞技成绩，而这也是运动员参与运动训练的最终目的。运动训练的内容和安排应力求符合各个运动项目的特点和竞赛规则的要求，最终求得在比赛中充分地表现出已经具备的竞技能力。运动员的比赛成绩正是对其训练效果的最好检验。

三、现代体育运动训练的特点

要想全面地了解运动训练的特点，就要从运动训练的多方面入手研究。具体来讲，运动训练的特点主要表现在以下几个方面。

（一）训练目标的明确性与任务的多元性

现代体育运动训练的首要特点是训练目标的明确性。运动员和教练员通常围绕创造优异运动成绩这一核心目标展开训练。这一目标的专一性决定了训练项目和内容的高度专门化。然而，在追求这一目标的过程中，训练任务却呈现出多元性的特点。除了提高运动员的体能、技能和战术能力外，还需要关注其心理调适能力、恢复能力等多方面的培养。这些多元化的训练任务共同构成了现代体育运动训练的完整体系。

（二）训练内容的丰富性与方法的灵活性

为了适应不同运动项目的要求和运动员的个体差异，现代体育运动训练的内容极为丰富多样。从基础体能训练到专项技能训练，再到战术配合和心理素质培养，每一个环节都包含众多具体的训练内容。与此同时，训练方法的灵活性也显得尤为重要。教练员需要根据运动员的实际情况和训练阶段的需求，灵活选择和运用各种有效的训练方法，以达到最佳的训练效果。

（三）训练过程的长期性与计划的系统性

提高运动能力是一个长期而复杂的过程，需要经过多年的系统训练才能实现。在这一过程中，运动员需要经历多个训练阶段，每个阶段都有其特定的目标和任务。这就要求教练员在制定训练计划时，必须充分考虑训练过程的长期性和系统性，确保各个阶段之间的顺利衔接和过渡。通过科学合理的训练计划，帮助运动员逐步走向竞技生涯的高峰。

（四）训练安排的科学性与个性化

现代体育运动训练高度重视科学性，这体现在训练计划的制定、训练方法的选择，以及训练负荷的安排等多个方面。教练员需要依据运动训练学的原理和运动员的实际情况，制定出科学合理的训练方案。同时，针对运动员的个体差异，训练安排还需要体现出个性化的特点。通过量身定制的训练计划，最大限度地发挥每个运动员的优势和潜能。

（五）训练负荷的极限性与应激性

为了在竞技比赛中取得优异成绩，现代体育运动训练往往要求运动员承受接近甚至超过比赛强度的负荷。这种极限负荷的训练理念有助于提高运动员的适应能力和竞技水平。然而，这也对运动员的身心素质提出了极高的要求。因此，在安排训练负荷时，教练员需要充分考虑运动员的承受能力和恢复能力，确保训练负荷的应激性处于合理范围内。

（六）训练效果的实战性与表现的差异性

现代体育运动训练的最终目的是提高运动员在比赛中的表现。因此，训练效果是否具有实战性成为衡量训练成功与否的重要标准。这就要求教练员在训练过程中注重培养运动员的比赛能力和心理素质，使其能够在关键时刻发挥出最佳水平。同时，由于不同运动项目的比赛方式和评判标准各异，运动员的训练效果也呈现出明显的差异性。这就要求教练员和运动员在备战过程中充分了解和适应比赛规则和要求，确保训练成果能够在比赛中得到充分体现。

第二节　现代体育运动训练的发展概况

一、竞技体育与现代体育运动训练的发展背景

20 世纪是竞技体育飞速发展的时代，尤其是在二战结束之后，新的世界格局逐渐形成，和平发展成为世界主流，然而体育竞赛也就自然成为和平时代的“战争”。因此，竞技体育日趋激烈，技战术水平已经发展到极高的地步，以致决定竞技比赛胜负的关键往往取决于非常微小的因素或毫厘的差距。

在这样一种竞技体育的大环境下，运动员为了提高自身的运动成绩，不得不付出较以往更多的努力和汗水。怎样使运动员通过平时的科学训练在比赛中表现出最优异的成绩，是现代运动训练中的一个亟待解决的重要课题。“运动训练学”正是在这一背景中逐渐形成和发展的，并为解决这一课题提供了广阔的前景。

二、运动训练学的形成与发展

（一）早期形成与国际发展

从 1896 年第 1 届现代奥林匹克运动会至今，现代竞技体育和运动训练活

动已经有120多年的历史。运动训练的科学理论与方法伴随着现代奥林匹克运动的发展而逐步完善，最终形成完整的理论体系——运动训练学。在20世纪20年代，苏联便开始了运动训练原理的研究，其时产生了一本阐述训练学方面的专著——《科学的训练原理》（1922年，苏联格里涅夫斯基）。20世纪40年代初，运动训练学便已经初步形成了自己的理论体系，直到20世纪六七十年代，现代意义上的运动训练学才初步形成。此后许多水平较高的运动训练学专著出现，其中以苏联马特维也夫编著的《运动训练分期问题》（1964年）和同年民主德国哈雷博士主编的《运动训练学》函授讲义最具代表性。而运动训练学这一新兴体育学科的第一本代表著作是1977年由哈雷博士主编出版的《运动训练学》，其是一本内容体系较完整的综合性运动训练学专著。从20世纪70年代到80年代，很多国家的运动训练学方面的学者编著了一系列运动训练学专著，如联邦德国马丁出版的《运动训练调控》（1981年）、苏联普拉托诺夫出版的《运动训练理论与方法》（1984年）、加拿大博姆帕编著的《运动训练理论方法》，以及英国的狄克和联邦德国的葛欧瑟等学者编著出版的训练学专著等，这些都具有代表性。

（二）我国运动训练学的发展历程

我国运动训练学的研究起步较晚。在起步伊始，一系列研究非常注重借鉴国外运动训练学的经验，再加上国内学者的潜心研究，使得我国运动训练学的发展有条不紊地进行着，同时获得了较快的发展进程。我国运动训练学研究从20世纪50年代初开始，至今已经70多年，大体上可分为三个发展时期。

第一个发展期是训练理论的吸收与发展期（1953—1981年）。这一时期主要吸收国外训练理论，总结自己训练实践，并在这些基础之上初步形成并相对完善了我国自己的训练理论体系，从而为我国运动训练学的初步形成打下了必要的理论基础。这一个发展期主要分为训练理论的吸收阶段（1953—1957年）、初步形成与发展阶段（1958—1962年）、停滞阶段（1962—1975年）、恢复与发展阶段（1976—1980年）。

第二个发展期为运动训练学的初步形成期（1981年至20世纪末）。在这一时期，经过短期的努力，我国部分训练理论学者不仅初步形成和确立了我国自己的运动训练学体系，还使我国运动训练学取得了不菲的成绩。本时期又分为引进和初步形成我国训练学阶段（1981—1983 年）和我国训练学不断完善发展阶段（1983 年至 20 世纪末）。1982 年，联邦德国运动训练学教授葛欧瑟来华讲学，积极推动了我国运动训练学的创立，并促使一批体育学院体育理论教师，如过家兴、翟国俊、陈安槐、洪其典、田麦久、董国珍和徐本力等人，转而从事训练理论与方法的研究和运动训练学的学科建设，形成了我国第一批运动训练学的骨干力量，成为我国运动训练学的开拓者。1981 年 7 月，我国开始了运动训练学的编写，并于 1993 年完成了一本内部教材。上海体育学院 1982 年首先在运动系本科和专科中正式开设了运动训练学课程，同年由徐本力为全国青年篮球队教练员训练班编写了一套 80 万字的《运动训练学》内部讲义。1986 年 2 月，北京体育学院出版社正式出版了由过家兴教授主编、田麦久博士等参与编写的我国第一本体系较完整的综合性《运动训练学》教材。同年沈阳体育学院董国珍也编著了一本《运动训练学》内部教材。20 世纪 90 年代以来，徐本力、董国珍、田麦久、延峰、胡亦海、刘建和、王永盛等人相继正式出版了一批与运动训练学相关的和有关运动训练理论与方法方面的专著和教材，推动了我国运动训练学的发展。

第三个发展期为运动训练学快速发展期（21 世纪初至今）。进入 21 世纪之后，我国体育得到了迅速的发展。历数悉尼奥运会、希腊奥运会、北京奥运会，以及伦敦奥运会所取得的成绩，便知我国竞技运动水平已经进入世界先进行列。而与竞技运动水平协同发展的，便是运动训练学的发展。我国运动训练学在 21 世纪初至今发展之快可见一斑。

纵观运动训练学的发展历程，它始终处于快速发展变化的过程当中，几乎通过任何一项运动的各届赛事都能够看到该项目运动训练发展的成果。为此，我国的运动训练相关研究者更应该持续不断地从各个方面加强对运动训练领域课题的研究工作，从而为我国体育的运动训练工作奠定更加稳固的基石。

第三节　现代体育运动训练的基本内容

现代体育运动训练的基本内容主要包括对运动者的身体素质训练、运动技术技能与战术技能的训练及心理与智能的训练。无论运动者参加何种体育运动项目，都会接受这三大类五方面的训练。因此，本节重点对这三大类共五方面的运动训练基本内容进行逐一分析。

一、对身体素质的训练

对于运动者而言，体能是其提高运动水平，取得优异的运动成绩不可缺少的重要保障， 同样对运动训练效果也起着尤为重要的影响。体能训练涉及身体形态、身体机能、运动素质，健康等多方面的因素。人体的内外部形状，即身体形态；身体机能是指机体各器官系统的功能，它是身体活动能力的基础；运动素质是指机体在中枢神经系统控制下运动时所表现出来的各种基本运动能力，包括力量、速度、耐力、柔韧、灵敏等。这上述几种因素中，运动素质对体能起着最为关键的作用，而身体形态、身体机能则是影响运动素质形成的重要基础。

在体能的构成要素中，身体形态、身体机能、运动素质在很大程度上受先天因素的影响。但也并不是说三种要素水平就是恒定的，在后天的自然生长发育过程中，这些因素也会随着年龄增长而产生变化，而体能训练的存在意义就是专门改变人的体能。因此，体能训练是在遗传和人体自然生长发育的基础上，对机体中的可变异部分给予影响，并使之提高，从而提高运动者的身体机能水平和形态，全面发展其运动素质。

体能训练通常分为一般体能训练和专项体能训练。一般体能训练，是运用非专项的体能训练方法所进行的旨在增进人体健康、全面发展运动素质、掌握基本的运动技术，其训练目的主要是为专项运动打基础，一般体能训练对参加任何体育项目的运动者都适用。专项体能训练，是指采用直接提高专项素质的练习手段，以及专门性的体能练习，最大限度发展对专项运动能力有直接关系的专项运动素质，从而来保证各种专项技术的运用，因此不同运动项目拥有不同的专项体能训练方法。

二、对体育项目技战术技能的训练

（一）体育项目技术的构成

现代体育运动技术的构成可从动作要素和技术构成两个方面分析，具体内容如下。

1．动作要素

（1）身体姿势

身体姿势是指在动作过程中身体或身体各部分所处的状态，以及身体各部位在空间所处的位置关系。身体姿势具体包括开始姿势、动作进行过程中的姿势和结束姿势。

（2）动作轨迹

动作轨迹是指做动作时身体或身体某部分所移动的路线，具体包括轨迹形状、轨迹方向和轨迹幅度等。

（3）动作力量

动作力量是指在完成动作时身体或身体某部分克服阻力所用力的大小，其是人体内力和外力相互作用的结果。

（4）动作速度

动作速度是指单位时间里身体或身体某部分移动的距离，具体包括初速度、瞬时速度，末速度、平均速度、角速度和加速度等。

（5）动作时间

动作时间是指完成动作所需要的时间，具体包括完成动作的总时间和各个部分的操作时间等。

（6）动作节奏

动作节奏是指完成动作过程中的时间特征，具体包括用力的大小，时间间隔的长短、动作幅度的大小及动作快慢等。

（7）动作速率

动作速率是指在单位时间内同一动作重复的次数。

2．技术结构

（1）动作基本结构

动作基本结构，又称为技术的微观结构，由动作基本环节和环节之间的顺序构成。每项技术动作基本结构都包括若干个基本环节，而这些环节又以特定的、一般不能改变的顺序组成。因此可以说，动作基本结构是一个相互联系的整体，可称作是“技术链”。动作基本环节则可视作“技术链”上的各个点，“顺序”则成为连接各个点的连线。所以，要改善动作基本结构，可以从改善动作基本环节，改善环节间顺序两个方面进行。

（2）技术组合

技术组合是一个由若干独立的技术动作连接组成的集合，如体操运动者的“难度性组合”与“表现性组合”。

（二）体育项目战术的构成

1．战术指导思想

战术指导思想是指在战术观念影响下，依照比赛具体情况提出的战术运用的活动准则。它是在对战术规律认识基础之上指导战术行动的规范或模式，能明显地体现出战术运用者的战术观念。战术指导思想是战术的核心，其正确与否对战术的针对性和实效性有着十分重要的影响。

2．战术观念

战术观念是指对比赛战术概念、战术价值功效以及运用条件等进行认识和思维后产生的观念。战术观念的形成往往与运动者和教练员的知识结构，思维方式，认知特点、比赛经验等有着密切的关系。在运动战术训练中，教练员和运动者的战术观念对战术的思考、战术计划的制定、战术训练的具体实施等一切战术活动有着积极的导向意义。

3．战术意识

战术意识是运动者在比赛中为达到特定战术目的而决定自己战术行为的思维活动过程。复杂多变的竞赛环境中，运动者要及时准确地观察场上的情况，随机应变，迅速而正确地决定自己的行动方案，这就需要很好的战术意识。

4．战术知识

战术知识是指关于比赛战术理论和实践运用的知识，主要分为理论性知识和经验性知识两种形态，具体包括对专项战术运用的原则与战术形式、战术的发展趋势、比赛规则对战术运用的制约等方面的了解和掌握等。掌握和运用具体战术，应该以战术知识为基础；而教练员、运动者制定的战术方案是否合理，运用是否灵活、机动和有效，在很大程度上受他们所掌握的战术知识的广度和深度的影响。

5．战术形式

战术形式是指战术活动中具有相对稳定的形态和结构的行动方式，如篮球运动战术中的掩护、盯人、联防等形式。

6．战术行动

战术行动是指为达到特定战术目的而采用的动作、动作系列或动作组合。

三、对心理与智能的训练

在信息技术异常发达的现代，所有体育运动的技战术及其发展都已经不再是秘密。通过研究与实战，绝大多数运动者都能通过不懈的努力和长期系统的训练学习到技战术内容，由此使得现代体育竞赛的某一方仅凭技战术优势就能战胜对手的情况变得越发鲜见。

因此，为了在运动竞赛中获得优势，除了掌握出色的技战术外，还要练就过人的心理素质和智能水平。目前这两项运动员参加竞赛的软实力已经成为决定比赛胜负的关键因素。正因如此，心理能力和智能能力就成为现代体育运动训练中的重要内容。当运动者的运动水平越高，对这两方面的训练就越发看重。对这两方面内容的训练也是近年来运动训练领域的一项重要内容，发展趋势迅猛。

（一）心理能力的构成

根据运动的专项特点，运动者心理能力的构成要素如下。

1．运动知觉

精确的运动知觉是优秀的运动者应具备的心理能力之一。运动知觉是运动者的大脑对客体在空间的位置移动及本体运动状态特征的知觉。在运动中，对客体的运动知觉主要靠视觉和听觉，对主体的运动知觉是靠动觉、平衡觉、触觉，以及视觉、听觉、机体觉等若干信息整体综合形成的。也就是说，运动者是通过视觉、听觉、机体觉及动觉、平衡觉、触觉等多种（感官）信息分析与综合之后所产生的专门化知觉。这种精细的专门化主体运动知觉的发展和形成，需要运动者长期坚持不懈地进行运动专项训练和比赛实践。此外，对一名优秀的运动者来说，不仅要身体素质好，而且要有较高的专门化运动知觉水平。

2．注意力与转移能力

对于运动者而言，稳定的注意力及快速转移能力是运动比赛中必备的心理能力之一。注意力是人的心理活动的指向性和集中性。运动比赛时间较长、比分变化等因素，对运动者的注意稳定性提出了较高的要求。尤其是在身体处于疲劳的情况下，能否高度集中注意力，常常是能否发挥出高水平的关键。

注意的转移性是指一个人善于把自己的有关心理活动有意而迅速地从某一事物转向并集中于当时所应指向和集中的另一事物的能力。因此，优秀的运动者应具备高度集中的注意力，以及较强的注意转移能力。

3．思维性与灵活性

高度发展的思维性与灵活性是运动者在激烈复杂的比赛中应具备的重要心理能力之一。思维的敏捷性表现为对面临问题能够做出迅速反应。在运动比赛中，瞬息万变的情势要求运动者及时做出决策。只要“信号”一出现必须立即做出应答，否则就无法应付比赛的复杂情况。

优秀的运动者面对赛场上突发状况，往往能够通过运用多方面的经验、知识等将其解决，并能够善于尽快摆脱早先建立的那些联系，而又易于形成新的结合，将熟悉的概念、形象、联系纳入新的关系中，从新的、与众不同的观点来考虑如何应变。这种迅速的思维活动充分表现出运动者思维的灵活性。高度发展的思维灵活性，通常称为应变能力。随着运动竞赛水平的日益提高，对运动者的应变能力也提出了越来越严格的要求。

4．心理相容性和内聚力

良好的心理相容性和高度的内聚力，不仅是运动者个人应具备的心理能力之一，也是整个运动队应具备的重要素质。一支运动队只有具备了强大的内聚力和良好的心理相容性，才能最大限度地发挥集体的力量，取得比赛的胜利。

在运动队中，每一个成员的任何活动都可能影响其他成员，并引起他们的反应。如果一个人的言语和行动引起其他人的肯定反应，则他们之间心理相容；如果引起否定反应，则他们之间心理不相容。一个运动队中，如果有2～3个人与其他人心理不相容，场上、场下心理不相容，或这几个人和另几个人心理不相容，这个运动队无法充分发挥集体的强大力量，而最终影响运动队的比赛成绩。心理相容是内聚力的基础，它能使团队顺利组成并行使职能。

良好的内聚力也是运动者重要的心理能力之一。内聚力即运动队对其成员的吸引力。这种吸引力由队内人际关系，运动队的活动、运动队的威信，运动队的目标和吸引力及作为队员实现个人目标可能性的吸引力等方面体现出来。内聚力使队内关系发展达到一种特殊水平，使全体队员最大限度地为团队的共同目标而奋斗。内聚力不是先天就有的，其可以通过说服、疏导及其他方面的工作逐步形成和加强。在运动队的工作中，抓好骨干力量和核心队员的培养，是增强运动队心理相容性与内聚力的重要方法和手段。

5．情绪

良好的情绪是运动者在比赛中充分发挥自身运动水平的心理能力之一。运动中的情绪，主要是指那些与运动者的身体的生理活动相联系的情绪状态。运动是消耗体力、脑力并克服内外困难的紧张劳动。如果没有充沛情绪的推动，人体是不能从内部动员机体力量来完成复杂运动任务的。没有情绪的稳定性，就不能保证比赛的持续进行。

通常情况下，客观环境的特异变化是所有情绪的产生原因。在各种运动比赛中，运动者赢几分就情绪高涨，输几分就情绪低落的情绪波动现象十分常见。一般比较强烈的情绪都伴有体内一系列生理变化，并影响着运动者运动水平的发挥，只有在适宜的情绪状态下，运动水平的发挥才能达到最高点。这种适宜的情绪状态在赛场上表现为情绪活跃。运动比赛中若能保持充沛而稳定的情绪，高水平的发挥就能得到保证。

6．意志品质

运动者拥有坚强的意志品质是其在长期训练和复杂的比赛中克服困难，赢得比赛的重要保证，是运动者不可缺少的心理能力之一。意志是人自觉地确定目的，并为实现目的调节自我、克服困难的主观能动作用的心理过程。运动者的意志表现与克服外部的（客观的）困难和内部的（主观的）困难密切联系着。通常来说，比赛时间长，紧张比分等因素，对运动者的个人技术、身体状况等，都会形成外部和内部困难，需要运动者有坚强的意志品质去加以克服，从而使其运动水平得以充分发挥。

（二）智能能力的构成

智能能力的构成因素主要是智力和能力。因而，智能是保证运动者有效认识客观事物和成功地进行实践活动的相对稳定的心理特点的结合体。

智能包含智力潜能和智力能力两个概念，二者之间存在着既相互对立又紧密联系的关系。智力潜能是保证人有效地进行认识活动的稳定心理特征的结合，包括观察力、想象力、记忆力、思维力和注意力这五种基本潜能。其主要包括计划能力，组织能力，操作能力，创造能力和适应能力等。

对于运动者而言，其需要的智能不仅包含“一般智能”，而且还包含参与运动训练和竞技比赛所需要的“特殊智能”。竞技运动所需的智能主要是由一般智能中某些因素和特殊能力的某些因素的有机结合，以及运动活动的实际操作能力，适应能力和创造能力与运动者的观察力、记忆力、注意力、想象力和思维力的有机结合形成的。例如，乒乓球运动员在回接对方来球时，要在瞬间根据来球的质量、线路、旋转、落点及对方的站位等元素做出反应，拥有超高运动智能的球员可以根据这些条件在最短时间内做出最正确的回球决定；而运动智能能力不足的球员面对对方质量不高的来球时，可能也很难抓住这个机会打出制胜一板，亦或是打出了自认为不错，但正好被对手猜到的回球。

运动中的智能实际上是一种其所具备的知识和能力的综合体现，缺乏理论知识或缺乏技术能力都不能最终实现智能能力的发挥。这里重点分析掌握的运动知识对运动智能的决定作用。一方面，大脑是知识的载体，而不会动脑的人难以成为一名优秀运动者；另一方面，知识是智能的源泉，知识的深度与广度同智能水平有直接联系。因此，运动者的智能也可以认为是运动者运用知识和信息，分析和解决运动训练和比赛中各种实际问题的能力。

第四节　现代体育运动训练的学科基础

一、生理学基础

（一）运动生理学的研究对象、任务与方法

1. 运动生理学的研究对象、任务

运动生理学是生理学中应用生理的一门分支学科，而生理学则是一门研究机体各种功能活动的科学。

运动生理学研究的是群众在参加体育运动时人体产生的各种功能活动的发展与变化。具体来讲，就是叙述和阐明人体在一次练习（急性运动）或反复练习（慢性运动或训练）中，人体的各种功能所产生的反应、适应性变化和原因，并把它们应用在运动实践当中，引导人们在运动训练过程中自觉地用所学的简易生理指标与理论去认识自身功能能力的发展状况、安排运动训练计划，使运动生理学的研究能更有效地提高其服务对象的体适能、运动效果及健康水平。

2．运动生理学的研究方法

运动生理学是门实验科学，它的研究对象是人，其知识主要是通过对人体的实验与测定而得到的。下面对几种人体实验和测定方法进行分析。

（1）运动现场测定及监控法

运动现场测定及监控法是指在运动现场对运动者在运动时（包括运动前、运动中、运动后及恢复期或运动中完成不同练习之后）的某些生理变化进行测定与监控。其特点是不仅符合运动的实际情况，而且由于对运动中的生理变化进行了监控，所以能够及时提出相应的干预措施。随着无线电遥测和微型磁带记录等方法在心理学领域的使用，已经能够在运动过程中连续地对一些重要生理功能活动进行测定和监控，如心脏的活动、呼吸频率、皮肤和深部体温等。而随着便携式气体分析仪的使用，在室外自由活动情况下也可以进行摄氧量的测定。

（2）实验训练法

实验训练法就是让受试者按照一定研究目的设计的实验方案，在实验室中利用一定的训练器械和各种力量训练装置进行实验训练，并在训练前后对所要研究的生理功能变化进行测定，以此来了解各种训练方法（包括不同训练方式，不同训练强度、时间等）对人体生理功能的特定影响。

（3）功能测试与评定

功能测试与评定是指通过对运动中不同年龄、不同性别的运动者，或者是不同训练水平、不同运动项目的运动者在同一条件下（如定量工作时、极量工作时）各种生理功能状态或变化进行测定，从而了解运动训练对提高人体各种生理功能的作用。

（二）呼吸与运动训练

1．呼吸的特性与功能

呼吸，简而言之，就是机体与外界环境之间的气体交换过程。这一过程由外呼吸、气体运输和内呼吸三个主要环节组成，它们共同协作，确保人体能够持续不断地获取氧气并排出二氧化碳。

外呼吸主要负责在肺部实现气体交换，包括肺通气和肺换气两个步骤。肺通气是肺与外界环境之间的气体交换，而肺换气则是肺泡与肺毛细血管之间的气体交换。这两个步骤共同确保了氧气能够顺利进入血液，同时二氧化碳能够从血液中排出。

气体运输则是指氧气和二氧化碳在血液中的运输过程。这一过程主要通过物理溶解和化学结合两种方式实现，其中化学结合是主要的运输方式。在生理范围内，气体的溶解状态与结合状态保持着动态的平衡，确保气体能够高效地运输到各个组织器官。

内呼吸则发生在组织毛细血管与组织、细胞之间，实现气体交换。这一过程确保了氧气能够到达细胞层面，为细胞的新陈代谢提供能量。

2．呼吸对运动的反应

在运动过程中，呼吸会做出一系列即时反应以适应机体的需求。一方面，肺通气量会显著增加。这是通过增加潮气量和呼吸频率来实现的，确保机体能够获取更多的氧气。同时，肺通气量的时相性变化也体现了神经和体液调节机制的共同作用。另一方面，换气功能也会发生显著变化。运动时，氧气在肺部的扩散速率增大，呼吸膜面积增大，从而提高了氧气扩散容量。在组织层面，氧气在肌肉组织部位的扩散速率也会增快，组织处气体交换面积增大，肌肉的氧气利用率提高。这些变化共同确保了氧气能够高效地到达肌肉细胞，为运动提供能量。

3．呼吸对于运动的适应

长期的运动训练会使呼吸系统发生一系列适应性变化，从而提高运动时的通气效率和换气功能。

首先，肺容积会发生变化。经常运动者的肺容积各个成分都比无运动者大，这意味着他们的肺能够容纳更多的气体，为运动时的气体交换提供更大的空间。同时，运动训练还能延缓肺活量随年龄增长而下降的趋势，保持呼吸系统的年轻态。

其次，肺通气功能也会发生适应性变化。经常运动者在亚极量运动时，每分通气量增加的幅度减少，但他们能够承受的最大运动负荷却比无训练者高得多。这意味着在运动过程中，他们的呼吸系统能够更高效地工作，为机体提供更多的氧气。此外，他们的呼吸频率比不运动者低，主要依靠呼吸深度的增加来提高肺通气量。这种较深的呼吸深度可以使肺泡通气量和气体交换率提高，同时减少呼吸肌的耗氧量，对于进行长时间的运动非常有利。

最后，肺换气功能和肌肉摄氧能力也会发生适应性变化。长期耐力训练可以提高氧扩散容量，使运动者的氧扩散容量比不运动者高。这意味着他们的肺部能够更快速地实现氧气和二氧化碳的交换。同时，耐力训练还可以使肌肉动静脉血氧差增大，提高肌肉的摄氧能力。这意味着肌肉能够更高效地利用氧气，为运动提供持续的能量供应。

（三）血液与运动训练

1．血液的特性与功能

血液，由血浆和血细胞共同构成，是人体内不可或缺的流体组织。它具备多种理化特性，如血量、比重、黏滞性和渗透压等。这些特性共同维持着血液的稳定性和功能性。

血液在人体内起着多重作用。首先，它是物质运输的主要渠道，负责将氧气、营养物质及激素等运送到全身各组织，同时将代谢废物排出体外。其次，血液还具有调节体温的重要功能，通过血液的循环帮助维持体温的恒定。此外，血液还能维持体内的酸碱平衡，确保内环境的稳定。最后，血液中的免疫细胞和抗体还起着防御和保护作用，帮助人体抵御病原体的入侵。

2．血液对运动的反应

在运动过程中，血液会做出一系列即时反应以适应机体的需求。首先，血量会发生变化。短时间大强度运动后，血浆容量和血细胞容量都会明显增加，这是储血库里的血液被动员进入循环血的结果。而长时间耐力运动则可能导致血浆容量的减少，主要由于大量排汗和血液浓缩所致。这种变化会影响心输出量和有氧能力，进而影响运动表现。其次，血细胞也会发生反应。红细胞数量在运动后会暂时性增加，这有助于提高血液的携氧能力。然而，高强度运动可能导致红细胞的流变性降低，影响组织供氧和加重心脏负荷。白细胞和淋巴细胞在运动后也会显著增加，这可能与免疫功能的激活有关。而血小板数量和活性的增加则可能增加血栓形成的风险。

3．血液对运动的适应

长期系统的运动训练会使血液发生一系列适应性变化。一方面，血容量会增加，这主要得益于血浆蛋白总量的增多和胶体渗透压的升高。这种变化有利于改善微循环，提高血液的携氧能力和运输营养物质的能力。另一方面，血细胞也会发生适应性变化。虽然运动者的红细胞数和血红蛋白含量在安静时可能并不高于一般人，但由于血容量的增加，红细胞总数和血红蛋白总量实际上是增加的。这有助于提高血液的携氧能力。同时，长期运动还能改善红细胞的流变性，增加红细胞膜的流动性，从而提高血液的供能水平和运动后的恢复能力。

二、心理学基础

（一）体育运动心理学的研究对象与任务

1．体育运动心理学的研究对象

体育运动心理学是一门研究体育运动所涉及的心理特点的学科。在一般的体育运动中，体育运动心理学研究对象是运动的技能技巧所形成的一般规律；在运动竞赛中，研究对象主要是竞赛条件下人所具备的情绪特征、意志品质和人格特点，竞赛过程中掌握的动机水平、情绪状态，以及对运动机能产生的作用。

2．体育运动心理学的研究任务

运动心理学的主要任务包括：研究人在进行体育运动过程中心理过程的特征规律，以及不同人的不同个性与体育运动之间的关系；研究体育运动对人心理与个性所产生的具体影响；研究体育运动知识、技能，以及训练的相关心理学规律；研究人在体育运动中的心理状态等问题。

（二）运动训练中心理活动的认知过程

人脑对客观现实的反映过程主要体现在心理活动上，具体由三方面构成，即认识过程、情绪过程和意志过程。人脑的认识过程又被称为信息加工活动，感觉、知觉、记忆、思维等活动共同构成认识过程。人在认识客观事物时所产生的态度体验称为“情绪”或“情感”。根据对客观事物的认识，自觉地确定目标、克服困难、力求实现的心理过程，称为“意志”。

认识过程、情感过程和意志过程显然有区别，但又相互联系。认识过程是其他心理活动的基础。例如，人们认识到球类运动能够增强体质，并在亲身体验中验证了这一点，由此产生了兴趣，从而更加自觉、主动地进行自我锻炼，使体质在进一步锻炼中得到增强。下面主要从感知过程、记忆过程、思维过程三个方面来对运动训练中人心理活动的认知过程进行分析。

1．感知过程

感知过程是运动员对外界环境信息进行捕捉和解读的初始阶段。它包括感觉和知觉两个层面，感觉是对事物个别特征的直接反映，而知觉则是对这些特征的整体把握和解释。

（1）动觉的重要性

动觉或称运动觉，是身体运动时产生的内部感觉。它帮助运动员感知自己身体的位置和运动状态，对于技能的精确执行至关重要。比如，在体操或舞蹈中，动觉帮助运动员准确地完成复杂的动作序列。

（2）视觉的主导作用

在多数运动项目中，视觉是最主要的信息来源。它帮助运动员捕捉对手的动作、判断球的轨迹及评估场上形势。优秀的运动员通常具备出色的视觉追踪和预判能力，这在球类运动中尤为关键。

（3）触压觉的敏感性

触压觉是皮肤对接触和压力变化的感知。在某些运动中，如篮球的运球、排球的接发球，触压觉的敏感性直接影响运动员对球的掌控能力。

（4）空间与时间知觉的协同

空间知觉帮助运动员判断物体的大小、形状和距离，而时间知觉则关系到动作的节奏和时序。在高速运动的环境中，运动员需要准确地判断空间位置和时间点，以做出最佳的反应。

2．记忆过程

记忆在运动训练中扮演着关键角色，它涉及信息的储存、保持和回忆。运动记忆是技能学习和提高的基础。

（1）短时记忆的快速遗忘

短时记忆储存着刚刚发生的信息，但如果不加以复述或巩固，这些信息会迅速遗忘。在运动训练中，这意味着新学的动作或战术如果不及时复习，很容易被遗忘。

（2）长时记忆的稳定性

长时记忆则负责储存经过巩固的信息，这些信息可以在需要时随时回忆。运动员通过反复练习和经验积累，将技能储存在长时记忆中，从而在比赛中稳定地发挥出来。

（3）记忆与技能自动化

随着技能的熟练，运动员可以达到一种自动化的水平，即无需刻意回忆就能自然地执行动作。这种自动化依赖于长期练习形成的肌肉记忆和神经通路。

3．思维过程

思维过程是心理认知的高级阶段，涉及问题的分析、解决和决策的制定。在运动训练中，思维过程直接影响运动员的战术意识和比赛表现。

（1）战术意识的培养

通过训练和实践，运动员逐渐培养出对比赛形势的敏锐洞察力和预判能力。这种战术意识使运动员能够在瞬息万变的比赛中做出快速而准确的决策。

（2）思维灵活性的重要性

在运动中，情况往往变化莫测，要求运动员具备灵活的思维以适应不同的比赛场景。例如，在篮球比赛中，面对对方的防守变化，运动员需要迅速调整自己的进攻策略。

（3）情绪与思维的相互作用

情绪状态对运动员的思维过程有着显著影响。积极的情绪可以促进思维的清晰度和创造性，而消极的情绪则可能导致思维的僵化和失误的增加。因此，运动员需要学会管理自己的情绪，以保持良好的思维状态。

（三）运动训练对心理的积极影响

1．有利于改善心境

心境是指具有感染力的微弱而持久的情绪状态。保持良好的主导心境是心理健康的重要标志之一。运动训练有利于促进人的心境的改善。例如，30 分钟的篮球运动能够让紧张、困惑、疲劳、焦虑、抑郁和愤怒等不良情绪状态得到显著改善，同时使人保持旺盛的精力。

2．有利于培养健康幸福感

健康幸福感也称“心理自我良好感”或“感觉良好现象”，这是心理健康的重要标志之一。它是指与积极参加身体运动训练有关的某种兴奋、自信和自尊的情绪和态度体验，并且没有消极情绪。

研究表明，健康幸福感和长期的运动呈正相关关系，积极参与运动训练的人比不运动者的自我感受与评价更积极，其中女子较男子相关程度更高。这一正相关的原因可能是由于身体锻炼产生内心愉快和乐趣的结果，也可能是由于女子较男子在活动中更富于感情色彩和更具有自我投入的倾向。

需要注意的是，健康幸福感的增加，实质上就是消极情绪的减少。紧张、焦虑、困惑、抑郁、疲劳、气愤等消极情绪的减少或者精力感的增加，本身就意味着健康幸福感的增强。

3．有利于治疗焦虑、抑郁症

抑郁与紧张焦虑等消极情绪相比，属于更深层的复合性负情绪。它可能是伴随人生价值的失落感而产生的悲伤、焦虑、恐惧、羞愧甚至负罪感，其持续时间更长，给人带来的痛苦更大。悲伤、悲观、失助感，低自尊、绝望、轻微疲劳，易怒、优柔寡断、回避社交甚至厌世等是抑郁症的临床特点。有研究报道，有抑郁症患者在经过 8 周的球类运动训练后，抑郁状况得到了改善。然而，并非所有的研究都支持运动训练减缓抑郁的假设。一项对大学生运动训练与抑郁关系的研究表明：运动训练既未能缓释抑郁和沮丧情绪，也没能使精力感提高，导致这一现象的原因如下。

第一，抑郁、沮丧等深层负性情绪虽然能够通过运动手段暂时得到缓解，但从长远来看，这一情绪并不能通过运动训练而得到彻底解决。

第二，对于情绪健康基础水平较高的人来说，通过运动训练很难继续使心境状态得到大幅度的改善。尽管长期运动训练与抑郁的关系问题目前尚有争议，但多数研究仍表明运动对改善焦虑和抑郁病情具有积极的作用。

4．有利于促进人格的完善

研究表明，长期参与运动训练不但能够促进体质的增强，而且有利于促进人的自信心的提高，使人具有更多的控制感、更强的想象力和更大的自我满足感。另一研究指出，有氧适应性训练提高了自我满足感和智力的分数，降低了不安全感的分数。

运动训练和身体活动与运动员的自我观念、自尊心及自我效能感的提高之间具有密切的联系。但由于自我观念、自我效能感等概念的复杂性，这类研究中的被试者在健康状况、文化水平，以及年龄、性别等方面都有差异，因此还没有一个较为统一的研究结果。

（四）心理技能的训练

1．心理技能训练的含义

心理技能训练就是对运动者的心理特征与心理过程有计划地施加影响的过程。心理技能训练通过特殊的方法与手段让运动者学会调节自己的心理并对自己的运动行为进行控制。

心理技能训练能够不断完善运动者的心理过程，促进运动者形成良好个性心理特征，为运动者达到更好的竞技水平或运动效果奠定心理基础。心理调节能力受到后天因素与实践活动的影响，能够通过训练获得并提高，但是需要长时间系统的练习。心理技能训练的目的在于提高运动者在某种情境中对某个问题的心理调节能力，同时提高运动者在其他情境中对其他问题的应对能力，最终让运动者在体育运动中受益。

2．心理技能训练分类

根据训练目的的不同，可将心理技能训练分为放松训练、注意集中训练、目标设置训练等多种训练方法。

（1）放松训练

放松训练就是通过一定的自我暗示集中精力，同时调节呼吸，充分放松肌肉，从而调节中枢神经系统的兴奋性。渐进式放松、自生式放松、松静气功是放松训练的常见方法，它们都是通过高度集中于自我暗示，最终实现全身肌肉的放松。

（2）注意集中训练

注意集中训练就是将全部精力贯注于一个确定的目标，不会受内外环境的干扰而分心的一种能力。这种能力一般包括意愿的强度、意愿的延长，注意力集中的强度及注意力集中的延长。运动者在运动过程中的注意力非常重要，尤其在体操、射箭等体育运动项目中。

（3）目标设置训练

目标设置训练时，目标的设置直接关系到动机的方向和强度，正确的目标能够将人的能量集中，并对人的行为进行引导与激发。目标设置与动机、操作及最后的成绩有很大的关联。

三、生物力学基础

（一）运动生物力学的研究对象、任务与方法

运动生物力学是一门探究人体在体育运动中机械运动规律及其应用的科学。运动生物力学不仅以力学和生物学的角度研究人体运动的内在联系及基本规律，同时还对体育运动对于人体相关结构及机能的反作用进行研究，其目的在于提高体育运动的水平与增强人民群众的体质。

运动生物力学的主要研究对象是人体在受外力与内部控制的肌力作用下的运动规律。

运动生物力学的主要研究任务是提高运动者的运动能力并预防运动损伤。

运动生物力学是一门以力学的原理与方法对体育运动过程中人体机械运动规律及其应用进行研究的学科，包括测量方法和分析方法。测量方法包括运动

学测量、动力学测量，人体测量与肌电图的测量。分析方法是指利用测量的方法并对其测量结果进行分析，从而了解它们之间关系的一种方法。

（二）人体运动中的生物力学原理

1．人体运动的表现形式

人体的运动复杂多样，生物力学中通常将人体简化成质点与刚体进行分析和讨论。根据质点的运动轨迹，人体的运动可分为直线运动与曲线运动；根据刚体运动的形式，人体的运动可分为平动、转动和复合运动，如图 2-2 所示。

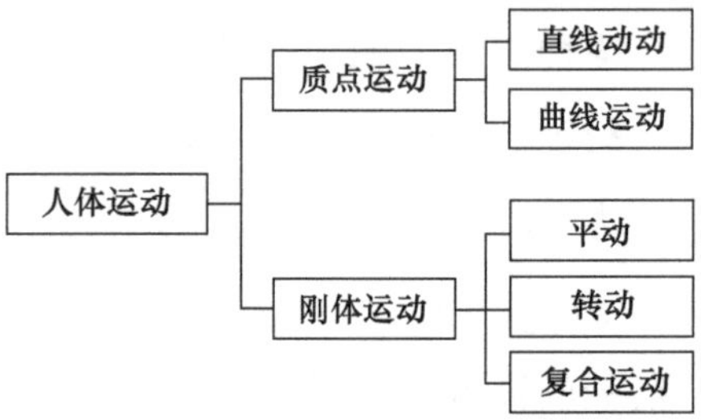

图 2-2　人体运动的表现形式

（1）直线运动和曲线运动

直线运动是指人体（或器械）相对于一定参照系始终在一条直线上运动。人体运动中绝对的直线运动很少出现，只有近似的直线运动。

由于人体在运动中出现不同的速度变化，直线运动又分为变速直线运动与匀变速直线运动两种。

曲线运动是指人体（或器械）简化为质点的运动轨迹相对选定的坐标系而言是一条曲线的运动。曲线运动存在速度的大小和速度方向的变化，此时描述物体运动的速度等物理量都要强调其矢量性。

（2）平动、转动和复合运动

平动就是指在运动中人体内任意两点的连线始终保持平行，物体上的任意一点瞬时运动都有相同的速度或者加速度的一种运动。按照质点运动的轨迹，平动可分为曲线平动、直线平动等。

转动就是指物体绕着一个固定点或固定转轴做旋转运动的一种状态。人体走、跑、跳等动作都是通过人体中各环节绕关节轴转动来完成的，人体各环节的转动是人体运动的基础。

复合运动是指既有平动又有转动的人体的运动。复合运动多由平动和转动共同构成，平动与转动的复合在人体运动中非常常见。

2．体育运动中的人体平衡

稳定性是指人体（或物体）抵御各种干扰的影响以保持平衡的能力，分为静态稳定性与动态稳定性。静态稳定性是指人在静止时抵御各种干扰影响的能力，动态稳定性是指在人体重心偏移平衡位置后，干扰因素排除时，人体仍能恢复到初始平衡范围。

稳定性对于无论是静止还是运动人体的平衡都很重要，稳定性强的人能极大程度地调控人体的平衡。稳定性对体育运动中动作的成败与运动效果都有很大的影响，在体操、技巧、武术等体育项目中，高难度动作都要求具有很高的稳定性。

（1）人体平衡的类型

人体平衡根据不同的分类标准可分为不同的类型，具体分类有以下几种。

第一，根据人体重心与支撑点的位置关系分类。人体平衡根据人体重心和支撑点的位置关系可分为上支撑平衡、下支撑平衡与混合支撑平衡。上支撑平衡是指支撑点在重心的上方，下支撑平衡就是指支撑点在重心的下方，混合支撑平衡是指人体重心位于上、下两支撑点之间的一种平衡。

第二，根据平衡的稳定程度分类。人体平衡根据平衡的稳定程度可分为稳定平衡，有限稳定平衡，不稳定平衡和随遇稳定平衡。稳定平衡是指人体的姿位无论出现多大的偏离都能还原到原来姿位的平衡；有限稳定平衡是指人体姿位的偏离只能在一定范围内能够恢复到原来姿位的平衡；不稳定平衡是指人体只要发生极小的偏离就必定倾倒的平衡；随遇平衡是指人体姿位无论如何偏离都可以在新位置重新建立起平衡。

上支撑平衡在体育运动中属于稳定平衡，而下支撑中的面支撑平衡都是有限稳定平衡。人体动作平衡在人体重心投影落在支撑面内时是稳定的，而重心出现偏离时，平衡就会被破坏。例如，新疆达瓦兹人的高空走钢丝是不稳定平衡的典型代表，可以将其近似看作是线支撑。有限稳定平衡与不稳定平衡都属于下支撑平衡，两者的区别主要表现在支撑面大小，以及支撑状态的不同。

（2）人体稳定性的影响因素

体育运动中的人体平衡多为下支撑平衡，支撑面大小、重心高度、稳定角、稳定系数等都是影响稳定性的重要因素。

支撑面大小主要由支撑点的接触面积和这些支撑点边缘所围成面积的大小决定。一般情况下，支撑面越小稳定度就越小，如人体稍息的姿势要比立正姿势更稳定，蹲马步比直立要更加稳定。

在体育运动中，当支撑面稳定不变时，人体（或物体）的重心位置越低，稳定度就越大； 反之，则稳定度就越小。

稳定角指的是重力作用线与重心至支撑面边缘相应点的连线间的夹角。稳定角能够反映出支撑面积的大小，重心高低及重力作用线在支撑面相对位置对人体稳定性的影响，稳定角能更好反映出人体维持平衡的状态。通常情况下，稳定角越大则人体（或物体）的稳定性就越大。稳定角能定量表明，物体在多大范围内倾倒时重力仍然能够产生恢复力值，使物体恢复到原来的平衡位置。当稳定角小于物体倾斜角度时，物体就会由于重力产生的倾倒力矩而发生倾倒现象。对于人体下支撑平衡，它有无数个稳定角，运动过程中一般采用平衡角来衡量人体某一方向总的稳定性。平衡角等于某方位（一般是前后、左右）上两个稳定角的总和，它代表人体在这一方位总的稳定度。

稳定系数是指稳定力矩与倾倒力矩的比值，表示的是物体依靠重力抵抗平衡受破坏的能力，当稳定系数大于 1 时，物体能够抵抗外来倾倒力矩，平衡没有被破坏；当稳定系数小于 1 时，物体不能够抵抗外来的倾倒力矩，平衡受到破坏，物体出现翻倒。

在体育运动中，人体平衡的类型由重力的作用方式所决定。稳定平衡在人体姿位出现极小偏离的情况下，如单杠悬垂的动作，人体重心上升，势能增大，重力形成力矩，重力矩使原来姿位得到恢复。

在偏离量不超出一定限度的情况下，也就是重力作用线没有越出支撑面的边界，在此限度内，重力形成稳定力矩并能够恢复平衡姿位。如果超过这个界限，势能便逐渐减小，重力矩成为倾倒力矩，重力矩只在一定限度内有恢复平衡的作用，即有限稳定平衡。

然而，平衡与稳定性并不是相同的概念，稳定性主要指保持人体某种运动姿态或状态的能力，而人体平衡指的是人体在外力的作用下身体的姿态。在运动实践中，人体的平衡通常在某一方向的稳定性比较大，而在另一方向较小，即人体的稳定性具有方向性。

四、生物化学基础

（一）运动生物化学的研究对象与任务

运动生物化学是生物化学的一个分支，而生物化学是一门研究生命化学的科学，就是研究生物体的分子结构与功能、物质代谢与调节，以及它们在生命活动中所起的作用。运动生物化学是一门研究运动中人体变化规律的学科，即研究人体在运动中体内化学变化的特点和规律，探究运动所引起的体内分子水平适应性变化及其机理的一门学科，目的在于服务体育运动与竞技体育的实践活动。由于体育运动主要是人体的运动，因此运动的人体就成为运动生物化学的主要研究对象。运动生物化学对人体的研究包括运动前、运动中和运动后恢复期，它不仅研究一次急性运动机体代谢的变化，同时还对长期系统的运动进行研究。

运动生物化学的研究对象既包括专业的体育运动员，也包括进行各种体育运动的人群，其研究成果在体育科学研究与运动实践中都有广泛的应用价值。运动生物化学的研究任务包括揭示运动中人体变化的本质、对运动的过程进行评定和监控、对体育竞技和运动养生等进行科学指导。

（二）运动人体机能的生化评定

1．运动人体机能生化评定的原则

在评估运动人体机能时，我们遵循几个关键原则：

第一，代谢产物的指标性。运动时，人体代谢加速，产生的代谢产物如血、尿中的成分会发生变化，这些变化能反映运动时机体的物质和能量代谢情况。

第二，功能性物质的指示作用。例如，尿液中的微量蛋白质等物质的含量变化，能显示运动者的身体机能状态。

第三，代谢调节物质的考量。酶和激素在调节新陈代谢中扮演重要角色。运动强度大时，某些血清酶活性会上升，这可以反映运动的强度和身体的应激状态。

第四，可观测性。由于直接测定骨骼肌细胞技术难度大，我们通常通过采血等方式来间接观测骨骼肌在运动中的变化。

第五，易测性。选择简单易行的测试方法，如使用乳酸自动分析仪，以快速、准确地评估身体机能。

第六，测试时间的把握。选择适当的测试时间至关重要，例如，在运动后特定时间点采血，以准确捕捉身体机能的实时变化。

第七，评估的综合性与长期性。要进行阶段性的跟踪测试和全面分析，以获得更准确、全面的身体机能评估。

2. 运动人体机能生化评定的意义

生化评估在运动人体机能监控中有几个重要作用：

第一，机能状态监控。它提供了评定和监控运动者机能状态的依据，帮助调整运动负荷，防止过度运动造成的损伤。

第二，训练效果评价。通过生化指标可以客观地评价运动训练的效果，反映机体代谢和供能能力的提升。

第三，营养指导。生化评估还能作为运动者合理营养的依据，指导运动中营养物质的补充。

第四，运动成绩预测。某些生化指标，如最大乳酸生成能力，可用于预测运动成绩。

3. 综合评定的方法

第一，综合评估的重要性。通过多指标、多层次、多因素的整体评估，能更科学地掌握和指导运动训练。

第二，综合评估的特性。它考虑了生化指标与运动负荷的关联性、指标间的独立性、参考性和比较性，从而提供更全面的机能状态分析。

第三，评估设计。综合评估应根据评估目的、受试者特征等因素选择合适的生化指标，并结合测试结果和运动生化原理进行全面科学的评估。这包括对负荷量、负荷强度的评定，以及对身体机能恢复和运动前机能状态的评估。

五、营养学基础

（一）运动营养学的基本知识

1．营养素及其分类

营养素是指食物中经过消化，吸收与代谢可以维持生命活动的物质。目前已知的人体必需营养素有 42 种，大致可以分为 6 大类，包括蛋白质、脂肪、糖类、矿物质、维生素和水。

2．运动和营养素类别的关系

（1）运动与蛋白质

蛋白质是一种化学结构非常复杂的化合物，主要由碳、氢、氧、氮等元素构成。蛋白质是一类重要的生物大分子，没有蛋白质就没有生命。

运动对蛋白质需要量影响的重要性尚存争议，但许多相关研究表明，运动者的个体蛋白需要量比一般人高，经常参加力量练习的人的蛋白质需要量比进行耐力训练的人要大。但至今没有明显的证据来支持经常食用特高蛋白膳食能显著增强运动能力的观点。

（2）运动与脂类

脂类是脂肪和类脂的总称，是生物体中所存在的一类化学组成与化学结构都有很大差异的重要有机物，不溶于水但溶于有机溶剂。脂肪包括常温下呈固态的动物脂肪和常温下呈液态的植物油。类脂的结构类似于脂肪，食物中的类脂主要包括磷脂与胆固醇。脂类是机体能量的重要来源。

由于脂肪代谢产物积蓄会降低人体耐力并且引起疲劳，而过多地摄入脂肪不仅会导致一些营养素的吸收率降低，还常会带来胆固醇引起高脂血症，因此要适量限制运动者膳食里的食用脂肪量。但脂肪摄入量不足，同样会影响到食物的质量和味道。

（3）运动与糖类

糖类是一类含多羟基的醛或酮的有机化合物，也叫碳水化合物。糖类几乎存在于所有的生命机体中，其主要的生物学作用是作为机体的能源物质和部分糖类分子参与细胞结构的组成。食物中的糖类大部分来自蔗糖、谷类食物和水果。

运动饮料也是糖类的来源之一，运动饮料中有合理的糖类配比。通过运动饮料可以弥补运动时对糖类的摄入不足，增加体力，从而获得更好的运动效果。合理选择糖类也是提高糖类补充效果的前提，由于不同个体对糖类摄入的反应变异很大，因此不同个体要在通过试用不同类型、浓度及口感饮料的基础上选定最终补充糖类的使用方式。

（4）运动与维生素

维生素是维持身体生长和正常生命活动所必需的有机化合物，它在人体中既不是构成身体组织的原材料，也不是能量的来源。维生素是一类调节物质，在体内代谢过程中起重要作用。有些维生素无法在体内合成，必须通过饮食得以补充，尽管需求量不很大，但也是一类重要的营养素。

在频繁参加运动或比赛中，维生素的补充是十分必要的。维生素补充剂的服用剂量要适当，并不是越多越好。要通过选择多种食物的方式来补充维生素，避免选择含维生素最丰富的单一食物补充的方式。多样的食物有益健康，在外吃饭时也要学着通过菜单选择富含维生素的菜肴。

（5）运动与矿物质

矿物质是相对于人体而言的除碳、氢、氧、氮以外的无机元素的统称，根据在人体中的含量和日需要量可分为常量元素和微量元素。有机体中的矿物质是构成机体组织的重要材料，同时对维持机体的酸碱平衡、渗透压的稳定与组织的正常兴奋性有重要作用。

矿物质包括钙、铁、锌等很多种，不同的矿物质与运动的关系不尽相同。

（6）运动与水

人体水含量是由水的摄入与排出之间的平衡来调节的，正常水的摄入量是保持身体健康的必要条件，缺乏和过量都不可取。机体对水的需求量与机体的外部环境、自身状况、膳食情况的综合效应有很大关系。

补液方法中最重要的依据之一是少量多次，在运动前、运动中及运动后的不同阶段，补液的要求是不一样的。运动后补水要遵循少量多次的原则，避免暴饮。运动后要选择含有电解质和糖类的运动饮料进行补充。

（二）运动训练的合理营养

1．运动训练合理营养的需求

运动训练会消耗大量的能量，因此运动者对热源营养素有着特殊的需求。糖类作为主要的能量来源，其重要性不言而喻。同时，蛋白质和脂肪也扮演着重要的角色。然而，这两者的分解反应相对复杂，不完全氧化还可能产生导致疲劳的物质。因此，运动者的膳食应以高效提供热量的谷类和动物性食物为主。

此外，无机盐和维生素的需求也不容忽视。虽然运动者的无机盐需求量与普通人无显著差异，但在大运动量或高温环境下训练时，仍需特别注意补充，以防止因无机盐不足而影响运动表现。而维生素则对于消除运动过程中产生的自由基、减轻肌肉酸痛和恢复体力具有重要作用。

2．运动训练合理营养的必要性

合理营养是运动训练的基础和保障。它能够为运动者提供充足的能量和营养素，以支持其训练和比赛中的消耗。同时，合理营养还能帮助运动者更好地恢复体力，减少疲劳和受伤的风险。更重要的是，合理营养与运动训练相结合，能够促进运动者身体机能的提高和健康水平的提升。通过科学合理的膳食安排，运动者可以积聚更多的能源物质，增强各器官系统的功能，从而取得更好的运动成绩。

3．运动训练合理营养的总体安排

要实现运动训练中的合理营养安排：

首先，需要确保能量食物的数量和质量满足运动的需要。在选择食物时，应注重主食的摄入，以提供充足的糖类能量。同时，也要避免过多摄入肉类等高脂肪食物，以免给身体带来负担。

其次，要做到营养平衡与多样化。这意味着运动者的膳食中应包含各种营养素，以满足身体的全面需求。特别是要注意酸碱平衡，运动后应适当摄入碱性食物，以帮助身体恢复。

再次，养成良好的饮食习惯也至关重要。运动者应避免空腹或刚进食后就开始运动，而应在运动前半小时适当进食。同时，两餐之间的间隔和每餐的数量与质量也应合理安排，以适应运动者的生理状况和活动量。

最后，重视合理补水和选择运动营养保健品也是实现合理营养安排的重要环节。运动者应根据个人情况制定补水计划，确保在运动中保持水分平衡。同时，在必要时，可以选择适合自己的运动营养保健品来补充特定的营养素或增强运动效果。

第三章　田径运动技术训练

第一节　田径耐力性项目技术训练

田径耐力性项群包括 800 米、1 500 米、3 000 米、5 000 米、10 000 米、马拉松、竞走、3 000 米障碍共 8 个单项。相对速度（短翼项速度）是指运动员快速通过相对短于主项距离的速度。如 400 米速度相对于 800 米运动员、1 000 米速度相对于 1 500 米运动员、3 000 米速度相对于 5 000 米运动员、10 000 米相对于女子竞走运动员等。速度耐力（长翼项速度）是与相对速度相对而言的，它是指运动员快速通过长于主项距离速度的能力。如 1 500 米速度耐力相对于 800 米运动员、3 000 米速度耐力相对于 1 500 米运动员、10 000 米速度耐力相对于 5 000 米运动员等。

一、田径耐力性项目体能结构特征

从比赛特点来看，所有田径耐力性项群都是以单位距离内计时长短来确定比赛成绩和名次的，都属于竞速性质，而且在比赛全过程中都表现出以克服自身体重，长时间多次重复相同动作的技术特征。

（一）身体形态特征

1．身高、体重和克托莱指数随竞赛距离的增加而趋于递减

与其他项群的田径运动员相比，耐力性项群运动员的身高指数是最矮的，但中距离跑运动员身高却是最高的，其中女子身高区间为 1.67 ～ 1.71 米，男子身高区间为 1.77 ～ 1.84 米。长跑和超长距离跑运动员的身高是本项群中最矮的，而且长跑和超长距离跑运动员的身高基本没有差异，但是不同性别运

动员的身高却存在微小区别。如女子马拉松运动员的身高最矮，女子身高区间在 1.60 ～ 1.62 米，而男子则是 10 000 米运动员的身高最矮，身高区间在 1.72 ～ 1.74 米。随着比赛距离的增加，运动员的身高趋于递减，而且中外男女运动员都表现出相同的特征。

中外男女运动员的体重指数随着竞赛距离的增加呈现出递减态势，具体表现在中外中距离跑女子运动员平均体重约为 54±1 千克，男子约为 63±3 千克；长距离和超长距离跑的中外女子运动员平均体重约为 52 千克，男子约为 59±3 千克，而且中外男女运动员的克托莱指数也是随着竞赛距离的增加而呈现出递减的态势。

2．身体形态呈瘦、窄、小的特征

中国优秀男女运动员本身就具有很高的竞技水平，尤其是中国女子中长跑和竞走运动员至今还保持着多项世界纪录，并多次在世界大赛中取得过优异成绩。我们知道，男子的身高指数、胸围 / 身高指数稍大于女子，但是男女中长跑和竞走运动员在这两项指数仍然小于田径其他项群运动员，这说明田径耐力性项群运动员不仅身材相对矮小，而且还表现出胸围相对较小、四肢相对较短的形态特征。

3．身体成分具有身体轻和体内肌肉含量少的特征

女子运动员的体内脂肪百分比明显高于男子，但是田径耐力性项群运动员体内的脂肪百分比仍小于田径其他项群运动员。这既与先天遗传因素有关，也与该项群运动员经常承受较大运动量和消耗较多能量有关。男子去脂体重稍高于女子，但其去脂体重仍明显低于田径其他项群，反映出该项群运动员通常具有体内肌肉含量较少、肌肉不发达的形态特征。而且去脂体重 / 体重指数反映出，虽然该项群运动员的去脂体重指数偏小，但去脂体重 / 体重指数仍然要比田径其他项群要高一点，分析其原因可能与该项群运动员体重过轻有关。也可能正是由于该项群运动员体内肌肉含量较少的缘故，尽管该项群运动员身高较矮，但是他们的去脂体重 / 身高指数仍是田径项群中最小的，这也进一步反映出田径耐力性项群运动员普遍具有身体轻、肌肉含量少的身体成分特征。

（二）身体机能结构特征

田径耐力性项群运动员能否在长时间运动中，以较快的速度完成比赛距离，是衡量竞技能力高低的重要标志之一。这就要求教练员在训练过程中，必须要有针对性地对运动员机体的各个系统进行适应性改造和有效整合，以保证运动员能够长时间地进行艰苦的训练与比赛。该项群的训练重点应集中在改善机体的能源物资储备能力、提高机体的物质代谢功能、提高运动器官的运动功能几个方面，尤为重要的是要有针对性地对不同机能进行合理搭配训练。然而，由于该项群的不同单项对能量代谢要求不尽相同，因此三种不同的能量代谢方式在不同专项中的地位和作用也不尽相同，国内外学者对三种代谢方式在不同专项运动过程中的比例与特征也存在一定的分歧。

1．中跑竞技能力受制于无氧糖酵解系统和磷酸原系统的供能水平

由于中跑比赛的时间一般在 1 分 30 秒至 4 分，运动时所需的能源大约有 65% 是由无氧糖酵解系统提供的，另有 30% 能源来源于磷酸原系统，有氧代谢仅占 5% 左右。因此，对于中跑运动员而言，在提高有氧代谢能力的基础上，突出发展磷酸原系统供能水平，对提高运动员比赛成绩具有至关重要的作用。

2．长距离走与跑的竞技能力受制于无氧糖酵解系统和有氧代谢系统的供能水平

长跑、超长跑或竞走的比赛时间一般在 10 ～ 180 分钟，运动所需的能源有 80% 以上是靠有氧代谢系统提供的，5% ～ 15% 的能源来自无氧糖酵解系统，无氧代谢提供的能源仅占 5% 以下。因此，对于长跑、超长跑或竞走运动员而言，不仅要进行大量有助于提高有氧代谢能力的各种形式的走、跑、跳练习，同时还要适时搭配和穿插一定数量的用于提高无氧糖酵解供能和磷酸原供能的各种强度走、跑或跳跃练习，以促进运动员能够以比赛所要求的运动强度或速度完成预定的训练任务。

3．优秀运动员的心肺功能水平具有显著的个体差异性

女子中跑运动员的肺活量指数即肺活量 / 体重指数略高于长跑和超长跑运

动员，而男子却没有体现出这一特征，即使是最大摄氧量的相对值，男子运动员也呈现出无规则分布状况，这一现象可能与运动员的个体本身存在差异有关。

从理论上看，最大摄氧量相对值是反映运动员在极限负荷条件下的呼吸、循环功能达到最大水平时，单位时间内所摄取和利用的最大氧量。它直接影响到运动员的运动能力，特别是有氧能力，而且它的遗传度也很高（69%～93.6%）。从国外优秀男子运动员的最大摄氧量相对值来看，中跑运动员最大摄氧量相对值一般为72.4升/分以上，长跑运动员一般为82.0升/分以上，超长距离运动员一般为76.0升/分以上。从相对值比较结果来看，我国男子中长跑运动员的最大摄氧量相对值明显低于世界优秀运动员，甚至有可能得出，我国男子中长跑运动员最大摄氧量相对值较低，是导致我国男子中长跑运动员成绩明显差于世界优秀运动员的主要原因之一的结论。

（三）身体素质结构特征

田径耐力性项群竞技能力主要是由身体素质所决定的，而身体素质又是通过耐力、速度和力量表现出来的，基于该项群比赛结果都是根据运动员在固定距离内所花费的时间多少确定的，所以运动员在固定距离内以尽可能高的平均速度完成比赛距离是该项群比赛的共同特征。

1. 中跑运动员的最大速度制约着竞技能力的发展程度

中跑运动员的最大速度100米跑水平越高，即速度储备越高，其主项成绩也越好，而且不同水平的中跑运动员最大速度之间存在着明显的差距。

2. 相对力量和力量耐力是不可缺少的基础素质

不论田径耐力性项群运动员面对的是何种距离的挑战，相对力量和力量耐力都是他们取得优异成绩不可或缺的基础。距离的不同，会导致肌肉用力次数和强度的变化。例如，800米跑运动员需要更多地侧重于发展速度力量和相对力量，以提升肌肉用力的强度和身体重心的位移速度；而10 000米跑运动员，由于肌肉用力次数较多，必须相应地重视相对力量和力量耐力的培养。整体来看，由于这些项目多属于长时间运动，需要运动员在运动中克服自身体重快速前进，因此，有针对性地发展各主项所需的肌肉耐力和相对力量，是提升竞技能力不可或缺的一环。

3．提高有氧代谢能力是身体素质训练的基础

在身体素质训练中，提高有氧代谢能力对于长距离走与跑运动员而言是基础性的任务。这不仅是有氧运动的基础，也是发展无氧糖酵解供能水平的前提。通常，这类训练会将心率控制在最大心率的 80% 以下，训练内容包括持续跑或走、变速与反复跑或走，以及各种距离的法特莱特跑等。通过这些训练手段，能够有效地提升运动员的有氧代谢能力，为后续更高强度的训练打下坚实的基础。

4．提高无氧糖酵解能力是身体素质训练的重点

对于中跑运动员来说，发展无氧糖酵解系统供能水平是身体素质训练的重中之重。这类训练通常将强度控制在 80% ～ 94% 之间，内容包括持续、间歇、重复、变速跑或走等多种形式。这些训练不仅能够提高运动员的专项耐力，还能够发展他们的最大有氧和混合代谢能力，是提升专项机能水平的关键。

5．提高专项身体素质是身体素质训练的核心

在田径耐力性项群的训练中，不断提升运动员的专项身体素质是核心任务。这不仅是保障运动员取得优异专项成绩的必要条件，也是训练过程中的关键环节。对于长跑、竞走、马拉松等项目的运动员来说，通常采用无氧阈值或乳酸阈值的专项距离跑或走，以及各种短翼项距离的跑或走练习作为主要手段。而对于 800 米跑运动员来说，专项速度和专项速度耐力则是训练的重点。通过提高最大速度、基础速度和相对速度，结合专项力量训练，能够全面提升运动员的专项身体素质，为取得优异成绩奠定坚实基础。

此外，在力量训练中，我们还应根据运动员的实际情况和训练目的，合理安排训练内容和强度。通过中等时间和长时间的力量耐力训练相结合，以及循环练习等多种方法手段的运用，能够全面提升运动员的力量素质，为他们在比赛中取得优异成绩提供有力保障。

二、田径耐力性项目技术训练结构特征

除了男子 3 000 米障碍跑外，田径耐力性项群其他单项的技术结构都属于周期性运动，并由若干单个动作周期组成。所以，每一个单个动作周期中的多余动作环节都会消耗一定的机体能量，这些多余动作的重复与累积就会对整个比赛成绩造成不利的影响。因此，提高单个技术动作质量、提高技术动作的经济性和实用性，是有效利用和发挥体能创造优异成绩的重要保证。

（一）不同单项技术在动作结构上具有差异性

培养良好的动作节奏并使工作肌肉能够在单个动作中得到放松，对运动员以较快的运动速度保持长时间运动具有重要作用。由于各单项在比赛时间、距离、动作形式等方面存在差异，所以不同主项运动员在技术动作结构方面也表现出一定的差异。当比赛距离由 800 米增加到 42.195 千米时，除了比赛场地由跑道演变为公路之外，运动员完成比赛的动作构成也增加为跑、跨、走等多种动作形式，并且表现出随着比赛距离的增加，运动员的步长指数趋于减小，而步频指数则趋于增大的现象。

（二）竞走技术呈现出明显的高步频、低腾空特征

长距离跑和竞走运动员的步长变化并不明显，但是步频却发生了明显变化，尤其是竞走运动员的步频变化表现得更为明显，具体表现在步频由过去 200 步 / 分以下增加到现在的 210 ～ 220 步 / 分，运动成绩也得到了大幅度提高。

以竞走运动员技术变化为例，过去竞走运动员是依靠增加步长提高成绩的，这使得骨盆沿身体纵轴转动不明显，而沿身体横轴转动较大，引起身体左右摆动幅度较大，但是由于步长较大，造成前脚迈的位置距离身体重心投影点较远，产生了更大的制动，由此也导致竞走技术多余动作较多，体力消耗较大。而现代竞走技术发生了明显改变，主要体现在身体各部分多余动作减少，微关节沿身体纵轴作适度转动，摆动腿迅速低姿势前摆，足跟迅速着地并滚动，着地点距离身体重心投影点较近，身体重心移动轨迹更趋于直线性，减少

了水平速度的损失。这一高步频、低腾空技术的变化，不仅形成了肉眼观察不到的双脚支撑短暂消失现象（腾空时间低于0.06秒裁判员肉眼观察不到），也大大提高了步频并节省了体能。尤为重要的是，这一技术变化不仅合理地利用了人体前进的惯性，使人体获得了短暂的有限空间位移时间，同时还保持了支撑腿在垂直瞬间伸直，从而使得运动员能够在符合比赛规则前提下最大限度地发挥了体能，提高了身体重心移动速度。上述高步频、低腾空技术特征不仅体现在竞走项目上，也同样体现在10 000米跑和马拉松等项目上。

第二节　田径速度性项目技术训练

一、田径速度性项目体能结构特征

国内外教练员在速度性项群运动员的选拔与认识方面存在着一定的差异，从身高指数排序来看，中国教练员更为重视挑选身材高大的运动员从事短跨训练，其依据是使运动员在攻栏时能够保持高重心的跨越姿势，并在下栏时以高支撑姿势保持跑跨衔接动作的速度，从而使跨栏步的起跨过程和下栏支撑过程的重心移动保持得更平稳、更迅速。但是有些中国教练员却未充分考虑到直道短跨项目中，栏间距的强制性和栏间跑的节奏性。因为身材高大的男女运动员分别在9.14米和8.5米的栏间距离内是不可能最大限度地发挥步长优势的，尽管身材高大有利于运动员在跑跨过程中较好地保持身体重心移动的平稳性，但是身材高大的运动员通常在栏间跑中表现出步频和动作节奏相对较慢的现象。

相反，在有利于发挥步长优势又有利于保持高重心完成跨栏技术的400米栏项目中，中国男子身高指数却相对较低，不仅远远低于国外男子400米栏运动员，也低于中国的短跨和400米跑运动员身高。尽管400米栏需要跨越10个栏架，但决定运动成绩的主导因素还是速度耐力和最大速度，身材高大更有利于发挥速度耐力和最大速度，并保持跨栏步前后运动中的身体重心平稳移动和重心速度的快速前移，因为它受栏间距离的限制程度很小，这可以从国外男女 400 米栏运动员的身高排序得到反映。

男女运动员的指距，身高指数表现出明显的无规则分布特点，虽然指距、身高指数反映了上肢长度，但该项指数仍然没有对该项群竞技能力的发展产生规律性影响。胸围 / 身高指数是反映躯干和肩带力量大小的重要指标，也是间接反映了内脏器官功能的重要指标。男子 100 米和 200 米运动员的胸围 / 身高指数大于其他短跑运动员，反映出男子 100 米和 200 米运动员的肩带和躯干力量相对较强，而且内脏器官功能也较强。但是女子运动员却没有表现出相同特征，这可能与男女运动员的生理解剖特点存在差异有关。

（一）速度素质结构特征

1．速度素质的增长具有“早熟”性

速度素质的增长在运动员的青春期早期就表现出明显的趋势。研究显示，反应速度的高峰增长期出现在 9 ～ 14 岁之间，此后逐渐趋于稳定。动作频率的提升在各个年龄段都相对平稳，但受遗传因素的显著影响。特别是在短跑项目中，男子在 14 岁时 30 米跑的速度已达到成年时最大速度的 90%，女子在 12 岁时也接近这一水平。这表明，速度素质的发展具有早熟性，早期训练对于挖掘运动员的潜力至关重要。

2．速度素质的训练结构具有相对确定性

尽管肌肉力量的增强对于短跑运动员是有益的，但单纯依赖力量提升并不足以带来运动成绩的显著提高。速度素质的发展远比增加步长或步频复杂，它更像是一种需要精细打磨的技巧。因此，教练在评价和调整运动员技术动作的同时，必须选择恰当的训练手段来专门提升速度素质。

3．提高单腿快速后蹬、伸髋速度和两腿剪绞速率是速度素质训练的重点

在短跑训练中，提高单腿快速后蹬和伸髋速度，以及两腿之间的剪绞速率，是速度素质训练的核心内容。这需要通过爆发性练习来实现，这类练习能够最大限度地激活肌肉在短时间内达到最大力量。特别是肌肉逆转动作的训

练，如从高台跳下后立即跳上，能够显著提高运动员在快速运动中的肌肉利用效率。

世界顶级短跑和跨栏运动员的训练手段也体现了这一点。他们通过高抬腿、快速摆动与下压、绕栏动作及起跨速度练习等多种手段，专门提高快速屈髋和伸髋的能力，以及髋关节的灵活性和力量。这些训练不仅关注前后摆动的速度，还注重上下摆动的协调，从而全面提升运动员的速度素质。

4．提高最大速度是速度素质训练的核心内容

在速度素质训练中，提高最大速度无疑是最核心的目标。世界优秀运动员的训练方法和手段都围绕这一目标展开。他们利用助力跑、牵引装置及机械减重等手段，打破原有的步频和步长节奏，建立新的、更高效的运动模式。这些创新性的训练方法不仅有助于运动员在更短的时间内达到最大速度，还能延长他们保持这一速度的时间。

（二）力量素质结构特征

1．力量素质的增长具有“两头慢、中间快”的特征

肌肉做功所产生的力量水平与肌肉类型和体内分泌的激素水平有很大关系。从肌肉增长的发育规律来看，肌肉的发育存在两次增长高潮，而且是年龄越小，肌肉所占体重的比例也越小，其基本增长规律：8 岁时肌肉重量与体重之比约达 27.2%，15 岁时达到 32.6%，此后肌肉力量增长速度加快，在 17 ～ 18 岁时肌肉力量增长速度达到最高峰，此时的肌肉重量与体重之比约为 44.2%，并且在 18 ～ 26 岁时还会出现第二次肌肉力量的增长高峰，此后的力量素质增长幅度和速度都趋于减慢，但仍能持续增长到 35 岁左右。

造成上述力量素质增长出现“两头慢、中间快”现象的原因，主要是由于在力量增长初期，骨骼的快速增长使得肌肉的生长以增加长度为主，肌肉的生长顺序表现出先发育较大肌群后发育小肌群，由此也导致发育初期少年运动员较大肌群力量的增长速度远远快于小肌群的发育，而且屈肌的发育速度快于伸

肌的发育速度，但是肌肉力量的整体增长速度仍落后于骨骼的增长速度，因而显得肌力相对薄弱，尤其是绝对力量水平表现得更低。当少年运动员身高增长速度下降时，性激素分泌增多后，肌肉力量水平表现出显著上升，尤其是绝对力量水平上升最快，此时男子约为 15 岁，女子约为 13 岁。由此可见，教练员要想做到有针对性地科学安排力量训练负荷、合理选择力量训练手段和有效安排力量训练顺序，就必须遵循上述肌肉力量增长的基本规律。

2．速度素质训练必须与速度力量素质训练结合才能有效提高最大速度

速度力量的大小取决于单个动作的发力速度、神经肌肉兴奋与抑制的快速转换能力。该项群运动员在进行途中跑时，其支撑腿从完成着地至蹬地动作结束大约需要 0.09 ～ 0.11 秒，而肌肉收缩产生最大力量则需要 0.5 ～ 0.6 秒。这就是说，任何一名短跑运动员在跑动中都不可能发挥出最大肌肉力量，而只能在发展最大力量的基础上突出发展快速力量。

3．发展步长必须以高速运动为基础

田径速度性项群运动员发展步长的内容主要包括三个方面：加速跑阶段、栏间跑阶段和途中跑阶段的步长。其训练方法主要是通过采用强制性手段发展步长。加速跑阶段的步长是通过设定单步长度跑格练习进行的，但其训练要求的中心仍然是以控制加速度为基准。栏间跑阶段的步长是通过增长栏间跑距离达到强制性提高单步长度的目的，但其训练要求的中心仍然是以控制步频为基准。途中跑阶段的步长是通过设定单步长度，利用助力跑使身体重心实现超前运动，从而使运动员以较大步长、较高步频提高跑速。

常用的组合结构：一是最大负荷蹬起 + 爆发性攻击弹踢腿和爆发性鞭打扒地 + 大强度跨步跳；二是负重直体伸踝 + 爆发性直膝纵跳；三是提高神经肌肉兴奋与抑制快速转换能力。具体做法是以 90% 个体最大频率开始 + 以尽可能快的步频做快速高抬腿，直至突破个人频率极限。其中前两种组合训练方法对提高助跑扒地和蹬伸速度具有显著的效果。

4．跳深练习和负重练习均是以提高快速缓冲和蹬伸能力为发展目标

跳深练习的目的是增强运动员对不同方向作用力的运用能力，跳深练习是一种运用超负荷作用力刺激肌肉，并诱发肌肉在短时间内产生最大力量的练习

手段。其基本原理是肌肉在做离心收缩后紧接着进行向心收缩，利用重力去储备肌肉中的能量，使肌肉的自然弹性产生动能并释放更大的收缩力，随后这个能量立即又被运用到相反的运动方向（向上跳跃）。可以说，跳深练习在速度与力量练习之间架起了一个桥梁。

二、田径速度性项目技术训练结构特征

田径速度性项群是由 6 个分别属于固定组合动作和周期性动作组成的，其良好的技术水平体现在动作结构的合理性、经济性和实效性等方面，其中提高和改进运动员在跑动过程中身体重心的平稳性、直线性和疾加速性，是提高身体重心位移速度的关键技术环节。从该项群技术动作结构来看，任何一个跑的技术动作都包括支撑与腾空两个时期，其中缩短腾空时间、改进腾空时期的技术和消除多余动作，以及提高支撑时期的快速缓冲和用力效果是改进和提高技术动作的核心。综合该项群运动技术发展历程和发展现状，其主要特征体现在以下几个方面：

（一）全程跑的节奏变化呈现稳定发展态势

无论是在步长、步频还是跑速的变化等方面都呈现出日趋稳定的发展态势。其中短跑和短距离跨栏运动员在达到最大跑速的距离和时间上表现出一定的规律性，在步长和步频的变化方面也表现出相对的稳定性。

（二）全程跑中的时间和速度之间变化节奏趋于协调统一

据全程跑时间和速度变化节奏揭示，无论是在时间变化节奏方面，还是在速度变化节奏方面，该项群全程跑时间和速度变化节奏均呈现出明显的协调波动趋势。

（三）途中跑中的支撑与腾空时空参数变化更趋于稳定

步长和步频是决定短跑成绩的两个重要因素，然而无论是提高步长还是步频指数都必须以改进和提高支撑和腾空时期的技术环节为前提，支撑和腾空时期的运动参数就可以揭示出速度性项群技术特征。优秀百米栏运动员途中跑

时的支撑与腾空阶段时空变化参数也呈现出以下规律性特征：第一，栏前支撑时间与跨栏步腾空时间之比约为 1 ∶ 3，下栏后支撑时间与跨栏步腾空时间之比约为 1 ∶ 4。这表明各国运动员都在将缩短腾空时间作为提高跨栏步技术的主攻方向，因为只有继续缩短腾空时间才能使跨栏跑技术更接近于平跑，才能使全程跑成绩产生飞跃。第二，优秀男子运动员跨栏步平均距离为 3.7 米，女子为 3.1 米左右，身体重心无支撑阶段的平均移动距离男子为 2.7 米，女子为 1.5 米左右。这表明缩短腾空时间主要取决于减少腾空时期的身体重心移动距离、高度及加快腾空时期的身体重心移动速度和两腿的绞剪速度。第三，优秀男女运动员栏前水平速度与栏后水平速度的变化幅度在 3.7% ～ 5.5% 之间，这表明控制适宜的跨栏步距离，并使身体重心无支撑阶段的移动距离控制在较短范围内，是有效缩短腾空时间和保持下栏后能以较快水平速度继续前进的关键途径。

尽管每个运动员在技术风格上存在着个体差异，但每一个个体所表现出来的基本技术特征，无论是在时间上还是空间上都具有一定的规律性和相对稳定的变化范围。

（四）更加重视改进下肢折叠与摆动技术的时机

美国运动员前摆时机早于我国运动员 0.006 秒，前摆角速度快于我国运动员 0.8 弧度 / 秒，小腿最大折叠角度小于我国运动员 0.7 度。造成上述差距的原因主要是由于我国运动员过于追求后蹬效果，造成蹬地后小腿折叠动作不够快，加之后摆时大小腿折叠得不够紧，进而造成小腿过早打开，不可避免地阻碍了前摆速度和前摆时机。从世界优秀运动员改进和提高折叠与摆动技术水平的主要方法和手段来看，主要是采用后踢腿跑转加速跑、车轮跑 + 快速后蹬跑、前倾高抬腿跑转加速跑等。

（五）更加重视改进着地技术的动作顺序以减小制动力

美国运动员在脚着地瞬间的速度比我国运动员要小 0.25 米 / 秒。这就是说，美国运动员在跑的过程中产生的制动阻力要比我国运动员小 17% 左右。从动力学角度分析上述两国运动员的技术差距认为，在我国运动员技术训练过程中，忽视按照动量传递链的顺序（即髋关节先伸展发力大腿积极下压，小腿在着地前迅速后屈），没有抓好基础性技术训练是造成上述差距的主要原因。因为脚着地时产生的制动力是影响跑速的最大阻力，而这种阻力的大小取决于脚着地瞬间相对于地面的水平速度，脚着地瞬间正向水平速度越大，制动力就越大。因此，减小着地时制动阻力、减小着地脚相对于地面的速度，并尽量使之能在着地瞬间接近于零速度是改进着地技术水平的关键环节。

技术训练不仅是对局部动作环节的改进，也是对整体技术运用效果的改进，其中改进和提高腰髓部位的发力效果是进一步提高整体发力效果的关键，因为髋部发力的效果直接影响人体向前运动动力的大小，而腰部则起着承上启下的作用。

第三节　田径速度力量性项目技术训练

一、田径速度力量性项目体能结构特征

田径速度力量性项群运动员在身体形态方面既有一些共同特征，又表现出多样性特征。

（一）身体形态特征

1．身材高大匀称、体重相对较大

在田径领域中，不同项目的运动员身体形态存在显著差异。跳高运动员通常展现出身材高大、体重相对较轻的特点。根据统计，世界顶尖的跳高选手，男子平均身高约为 1.94 米，体重约为 76 千克；女子则平均身高约为 1.80 米，体重约为 60 千克。尽管我国跳高选手的平均体重指数略低于世界水平，但在身高指数上，我国顶级选手如朱建华、金玲等已达到世界标准。

相较于跳高选手，投掷项目的运动员则呈现出更高的身高与体重指数，尤其是铅球和铁饼选手。这是因为投掷项目要求运动员在最后用力和器械出手

时，能够获得更长的用力距离和更高的出手点。与世界优秀选手相比，我国男子铅球和铁饼选手在身高和体重上存在明显差距，这也在一定程度上影响了他们的竞技表现。然而，在女子投掷项目中，我国选手与世界水平的差距相对较小，这得益于教练员在选材和身体形态改造方面的精准把握。

2．四肢和跟腱较长、躯干呈桶型

除了身高和体重外，四肢和躯干的形态也是决定运动员竞技能力的重要因素。铁饼、链球和铅球选手的指距与身高比例明显大于跳跃选手，这与他们需要更大的摆动半径和更高的出手点密切相关。有趣的是，撑竿跳高选手并未因追求高握竿点而显示出上肢特别长的特征。

胸围与身高的比例则能反映运动员的内脏器官功能和躯干力量。投掷选手的这一比例明显高于跳跃选手，体现了投掷项目对躯干力量的高要求。在跳跃项目中，起跳瞬间上肢的用力程度和摆动对成绩的影响越大，胸围与身高的比例也越大。而在投掷项目中，随着器械重量的减轻，这一比例也呈下降趋势，反映出不同项目对躯干力量训练的不同需求。

（二）身体机能结构特征

田径速度力量性项群的共同特点之一是速度力量大小在其竞技能力结构中占有决定性地位。由于该项群的技术动作完成时间一般在 10 秒以内，因而对运动系统的最大输出功率要求很高，这种短时间、大强度的动力能源是由强大的、高效率的磷酸原供能系统提供的。因此，该项群运动员通常具有骨骼肌内 ATP 和 CP 储量大、ATP 再合成能力强、ATP 酶和 CK 活性高以及肌肉中白肌纤维比例大、质量高的特征。

从神经系统来看，田径速度力量项群的技术动作基本上都是以快速用力为特征，表现为肌肉快速收缩与舒张交替活动，而且运动强度也达到极限水平。因此，这种运动形式需要中枢神经系统不断发放密集神经冲动，以募集更多的运动单位投入工作。

从本体感觉器官来看，田径速度力量项群要求运动员具有本体感觉清晰、准确的能力，以保证快速动作用力结构及动力定型的实效性和经济性，尤其是对撑竿跳高、跳高、链球运动员来说，提高视觉和前庭分析器的稳定性，对形成和改进动作细节以及做好平衡动作都具有十分重要的作用。

从内脏器官功能来看，肺活量/体重指数不仅能够间接反映内脏器官的功能，同时它与力量大小也有一定的关系。

女子运动员的肺活量和肺活量/体重指数相对较小，反映出男子运动员的内脏器官功能要强于女子，这一差异可能是由于男女先天生理差异造成的。从不同单项运动员的肺活量和肺活量/体重指数分布特征来看，各单项运动员的肺活量和肺活量/体重指数呈现出无规则分布状态，并没有体现出明显的专项差异，这反映出该项群运动员普遍具有较强的内脏功能。尽管投掷运动员的肺活量绝对值要稍大于跳跃运动员，但肺活量/体重指数并没有呈现同样的特征，这反映出投掷运动员特有的粗大形态，在自然的生理结构上本身就需要强大的内脏器官功能支撑，这也是自然形成的生理结构和功能。由于投掷运动员经常进行力量训练，而大量的力量训练反过来又会使心室壁增厚，心室壁的增厚必然使心脏收缩能力得到提高，由此也会导致心脏每搏量增加，从而使肺内毛细血管血流量增加，进而使运动员的肺活量得到更进一步增大。

（三）身体素质结构特征

田径速度力量性项群竞技能力主要是由身体素质和体能决定的，并通过速度、力量、爆发力和技术表现出来。尽管投掷和跳跃项目的比赛形式和技术结构不尽相同，但它们的比赛结果都是以人体或器械最终所达到的高度或远度作为确定标准的，所以在适宜角度条件限制下，以尽可能快速的人体重心脏起初速度或器械出手速度完成比赛动作是该项群共同的竞技特征。

1．更加重视身体素质训练效应的整体性

身体素质训练不是孤立的，而是需要通过科学的方法和手段将各种训练元素有机融合，以实现训练效果的最大化。这种融合体现在，当某一训练重点如专项速度素质被突出时，相关的力量训练、技术训练等都需要进行相应的调整与优化。例如，力量练习不仅要关注绝对力量的提升，还要与技术、速度练习相结合，实现力量与速度、技术的和谐统一。同时，利用现代科技手段如摄像设备和数据分析技术，教练可以更精确地控制运动员或器械的运动轨迹，使专项素质训练的动作结构和速度结构更加科学合理。

在训练课的安排上，技术练习与身体练习的有机结合成为了一种常态。这种结合旨在通过加深训练的整体效应来强化对机体的刺激。在负荷强度的控制上，重视每次训练课的整体负荷强度，体现为训练时间适中、训练手段集中、训练数量精简、训练密度合理，以及技术动作完成的高质量和高强度。

2．身体素质训练内容的选择更加侧重专项性

专项性在身体素质训练中占据着举足轻重的地位。各种带有助力或阻力的跑、跳、跨练习，以及投掷不同重量的器械练习，都是围绕如何更有效地将专项速度和专项力量通过技术表现出来而设计的。教练员常以投掷不同重量器械的成绩作为衡量专项速度和力量的标准，以此来指导和调整训练内容。

国内外实践表明，身体素质训练内容和组合结构的多样性，可以归纳为两种主要模式。一种是通过投掷不同重量的器械来依次发展技术、速度和力量；另一种则是通过组合各种素质训练来发展专项力量和耐力。这两种模式都体现了专项性在身体素质训练中的重要性。

3．速度素质训练方法与手段结构具有同素异构体特征

速度素质训练方法虽然在不同项目中表现出差异性，但在训练目的和效果上却具有共通性，这体现了同素异构的训练理念。所谓同素异构，即相同的训练元素可以通过不同的结构组合来实现不同的训练目标。例如，短距离跑这一训练元素，在跳跃项目中可能主要用于提高助跑技术和节奏，而在投掷项目中则可能更多地用于提升动作速度和神经系统的兴奋性。同样，长距离跑在跳跃项目中可能用于提高步长和助跑稳定性，而在投掷项目中则可能更多地用于增强心肺功能和恢复能力。

4．短长翼项速度与运动成绩之间具有高度相关性

在跳跃和投掷项目中，运动员的成绩往往直接取决于他们将水平速度转化

为专项所需速度的能力。即便是撑竿跳高这样的项目，其成绩也主要依赖于运动员在助跑起跳后，能够有多少动能被有效地转化为竿上的弹性能。通过观察不同水平撑竿跳高运动员的速度素质与成绩之间的关系，我们可以发现，无论是短于助跑距离的短翼项速度（如 20 米和 40 米跑），还是长于助跑距离的长翼项速度（如 100 米跑），它们与专项成绩之间均存在着非常密切的联系。当撑竿跳高运动员的成绩从初始的 4.00 米提升至最高的 6.00 米时，其定基比增长系数高达 0.50。相应地，两项最短翼项速度也呈现出显著的增长趋势，其中 20 米跑的定基比增长系数达到 0.182，40 米跑则为 0.148，而 100 米跑的增长系数则相对较低。这充分表明，在较短距离内实现较高的速度水平，对于提升撑竿跳高运动员的助跑和起跳能力具有至关重要的作用。

5．助跑最大速度与助跑技术之间存在着非对应性

对于跳跃运动员来说，通过助跑获得最大位移速度并应用合理的起跳技术减少水平速度的损失是专项速度训练的最主要目的之一。通过测定起跳前后两个 5 米段的最大水平速度情况，不仅可以揭示运动员速度变化基本规律，而且还可以评定运动员的起跳技术水平。

6．力量训练的结构是以方法与手段的特异性为依据

在田径速度力量性项群中，运动员在比赛中展现出的各种竞技能力都离不开肌肉收缩时产生的力量。因此，发展肌肉力量成为这些项目训练的重要组成部分。除了少量针对力量耐力的训练外，重点集中在力量训练上。根据负荷重量和练习次数的不同，力量训练可分为绝对力量、速度力量和力量耐力训练，它们各自具有不同的负荷强度和练习时间要求。各种力量训练方法根据肌肉力量的不同需求和肌肉收缩方式的不同而呈现出独特的工作特点。然而，以较短时间的周期性向心收缩和非周期性的向心与离心收缩为主的肌肉工作方式，仍是该项群力量训练的主要方法。

在选择力量训练的内容、练习强度、练习时间和训练结构时，我们主要依据各种力量训练方法和手段的特异性。例如，对于运动速度较慢、对肌肉最大输出功率要求较高、需要克服较大外界阻力的投掷项目，运动员会安排更多绝对力量训练的内容和比例。而跳跃项目运动员则更倾向于采用较多的速度力量

训练内容和比例，力量耐力训练的内容和比例则相对较少。

此外，“力量发展区”的训练具有明确的秩序性。我们重点发展位于髋和膝关节之间的大肌肉群力量，这些肌肉群对动作速度具有极大影响。对于跳跃运动员来说，发展这些肌群的力量对于提高快速起跳能力尤为重要；而对于投掷运动员来说，除了发展髋关节的伸屈肌群力量外，上肢与躯干肌肉的力量发展也同样重要，特别是对于那些能够提高快速出手速度的肌肉群。

在专门力量训练内容的选择上，我们追求内在的一致性。神经－肌肉的反应机能是反映运动员在最短时间内发挥最大功率能力的关键指标。对于跳跃项目而言，跳远能力恰好能够体现运动员在最短时间内发挥最大功率的能力水平，因此它成为跳跃类项目训练的核心内容之一。跳远能力与三级跳远运动员的起跳能力，以及三跳之间的水平速度都存在着高度的相关性。

最后，在力量训练的组合结构上，我们注重系统性和专门性的结合。不同专项的力量素质都是由多种因素构成的复合体，包括绝对力量、速度力量、弹跳力、专项力量等。尽管各专项训练所采用的手段和负荷比例有所不同，但我们都致力于实现力量训练的全面性和针对性。从发展绝对力量的手段来看，各专项普遍采用大重量的半蹲或全蹲练习，而在发展下肢的一般性速度力量方面，各种跳跃练习则成为主要的训练手段。同时，我们也根据各专项的特点设计出具有明显专项化特征的训练手段和方法，以最大限度地提高运动员的专项竞技能力。

二、田径速度力量性项目技术训练结构特征

田径速度力量性的技术训练都是以个人为单位进行的，这也决定了技术训练必然带有个性化色彩。

（一）突出强调动作技术各环节之间的最佳组合

从技术训练总体结构发展特征来看，无论是跳跃类还是投掷类项目的技术训练，都呈现出由孤立地强调某一动作速度向动作环节的最佳组合方向发展。大量的训练实践已经证明，并非所有的单一动作参数提高后就必然能

够带来运动成绩的提高。恰恰相反，有时甚至当某一动作参数提高时反而会使其他技术参数下降。例如，在旋转投掷铁饼和铅球过程中，第一和第二单脚支撑之间出现的腾空阶段是整个技术环节的组成部分之一，这一腾空阶段中造成的速度下降，至少在一定程度上是必不可少的，如果强行将这一阶段的动作速度提高到符合所谓的越来越快理论标准上，其造成的后果，一方面是会影响到动作的幅度；另一方面是会影响到最后用力的工作距离和身体姿态，必然会导致最后用力阶段的动作速度加不上去。因此，从技术训练角度来看，在完成一项完整技术过程中强调动作的节奏，也就是追求各动作环节完成时间的最佳组合，要远远比单纯追求腾空阶段的最大速度更为重要。

从生理学和生物力学角度来看，不同运动员的肌肉类型和肌肉质量本身就存在着一定的差异，而且不同运动员本身的神经类型、肌肉收缩速度和技术特点也存在着某些先天性的差异，这些因素都必然会造成运动员在发挥身体最大能力时的最佳发力角度存在差异，有时候最能发挥身体能力的最佳发力角度与理论力学推导出的最佳出手角度或腾起角度是不能吻合的，这也就决定了任何人试图通过片面地研究或改进所谓的最佳出手角度或腾起角度都是不可能达到提高运动成绩的目的，唯有对最佳出手角度或腾起角度与肌肉发力角度进行最佳组合，才能在已有情况下取得最佳成绩。

（二）追求技术动作的可控性、心理指向性和实效性

由于田径速度力量项群的技术动作相对固定、动作结构相对简单，高水平优秀运动员通过多年训练后都可以形成自动化动力定型，所以运动员在高度熟练掌握专项技术基础上能够较好地感知每一细节动作效果，并能对关键技术动作的发力时机、大小和动作空间结构予以调整，体现出运动员完成技术动作的高度可控性。

从优秀运动员在完成技术动作过程的心理特征来看，无论是跳跃还是投掷运动员都十分重视心理指向的动员和调整，所有的注意力都集中在完成关键技术动作环节上。例如，运动员在助跑起跳之前或在器械出手之前的移动过程

中，运动员都是把注意力集中在下肢动作的用力环节上，而上体则保持相对被动与下肢动作协调配合，以减少多余动作，避免注意力分散。而在跳跃项目起跳和投掷项目最后用力动作中，注意力则转移到摆动腿、躯干和上肢最后用力环节上，表现为躯干和上肢在下肢配合下尽可能地发挥出最大功率，使人体或器械获得最大加速度。

从运动员个体技术动作形成过程来看，技术训练不仅要严格规范使之符合运动力学要求，还要考虑运动员个体特点设法提高动作技术的实效性。

（三）重视技术训练的高强度性

田径速度力量项群训练过程的控制就是围绕如何通过大强度训练，使运动员熟练地运用合理的运动技术，充分发挥已有的身体素质和机能达到最佳比赛成绩。在不同层次的多年训练过程中，运动员技术的合理性始终是相对的、暂时的，它是伴随身体素质的变化而不断改进和完善的。

（四）大强度训练是通过力量与专项练习结合实现的

在投掷类项目训练的准备期，增加大强度训练负荷量最常采用的方式，就是将大强度的力量训练与提高专项技术或专项投掷能力组合起来。由于进行大强度力量训练一般需要相应地减少练习量，否则会使恢复时间相应延长，从而影响下一个单元的训练，因此通过组合训练既可以保证投掷次数又可以提高投掷质量。国内外常用的训练结构有：先做几组大强度力量练习，而后进行单项投掷练习，其训练原理是利用前一次大强度练习在大脑皮层中留下的“痕迹效应”，在短时间间歇后再进行大强度技术练习，从而使大脑神经中枢不同区域的兴奋和抑制交替转换，有效地提高了技术练习的强度和质量。力量训练可使投掷练习神经中枢区域做积极性休息，不同性质的练习之间间隔时间越短越好，最临近一次练习内容对机体刺激所留下的痕迹是最深的，它对接下来的练习获得更大效果的促进作用也最大。因此，从负荷总量来看，虽然大强度力量训练和技术训练量在某一个单元训练中的练习量会有所减少，但在总的训练单元中带有该方面练习性质的训练单元却增多了，所以大周期的总练习量不但不会减少反而会增加。

（五）力量上训练与专项跳跃的组合结构具有顺序性

力量训练与专项跳跃练习的组合结构具有一定的顺序性，其基本顺序是最大力量练习—爆发力练习—爆发性最大输出功率练习—各种克服自身体重的专项跳跃练习。

（六）速度与技术的训练结构具有迁移性

在速度训练中强调技术要素，在技术训练中强调较高的运动速度，不仅可以有效发展速度素质，而且能够提高技术动作的实用性和训练强度。综合国内外速度与技术组合训练结构发现，无论如何组合速度与专项技术练习的结构，其原理都是将速度练习中获得的高频率快速神经冲动转换为专项技术的快速运动能力，其基本结构是加速跑 + 专项技术动作 + 腰腹及躯干力量练习。在具体训练手段的运用方面，跳高运动员在进行组合练习时一般是采用 60 米加速跑 6 ～ 8 次 + 上 1 ～ 2 步摆动腿踏上 1 米高木马 + 抛接实心球 60 次仰卧起坐 20 次 + 木马背屈 20 次。而铁饼运动员在进行组合练习时则是采用 30 米加速跑 4 ～ 6 次 + 摆动腿专门练习 + 抛接实心球 60 次 + 仰卧起坐 20 次 + 木马背屈 20 次摆动技术。速度与多种专门技术相结合的训练目的，就是加快速度训练效应向专项能力的正迁移，提高技术的实用性和训练质量。

（七）突出技术训练难度

田径速度力量项群的技术训练核心是将提高专项身体素质和关键技术质量结合起来。因此，专项身体素质训练内容的选择也要与专项技术动作的幅度、用力性质、用力顺序与时机及心理紧张程度相一致。例如，该项群在采用各种跳深练习时，都突出强调练习动作与跳跃或投掷项目的下肢发力特点相一致，后抛铅球与投掷项目的身体各环节用力顺序相一致。

从各单项技术训练方法与手段的组合结构来看，突出难度是提高技术训练效果的重要环节。尽管各单项技术练习的具体内容不尽相同，但它们在训练手段组合上却具有相同的结构特征，即通过专项身体素质与技术的组合进行整体性训练，通过增加训练难度寻求训练整体效应的增加。例如，跳跃运动员进行技术与素质组合训练的基本结构：

第一，30 米起跑 + 跳绳 + 专项技术 + 大步跑（200 米 +150 米 +100 米）+ 提踵走步和慢跑练习。

第二，跳远起跳或 4 ～ 8 步踏上起跳板练习 + 壶铃蹲跳或持壶铃上甩 + 跳跃低栏架 + 立定三级跳远或单足跳 + 小步弹跳练习。

第三，连续迈步跳 + 跨步跳 + 腹背肌练习 + 支撑高抬腿跑 + 俯卧撑 + 深蹲走；4 ～ 8 步助跑跳远或跳高 + 负 10 千克沙袋快速跳挺 + 负 10 千克沙袋弓箭步换腿跳 + 跳上跳下 50 ～ 60 厘米高的跳箱 + 单足跳练习。

第四，通过负重和下坡跑接起跳练习，提高助跑与起跳的动作节奏、速率和力量的运用能力。

而在投掷项目中，运动员则是通过投掷不同重量器械来发展专项速度素质、力量素质和改进专项技术动作，以及提高控制技术动作的能力的。例如，采用投掷轻器械用以提高快速用力能力和提高动作节奏的速率，而采用投掷重器械则用于提高专项力量的运用能力。尤其需要指出的是，各单项的力量训练更加重视大肌肉群的退让性与克制性能力的提高，以减少水平速度的损失，其常用手段是采用各种短距离助跑的跳深、跳上跳下台阶和加大栏间距的跳跃练习。

第四章　游泳与体操科学训练

第一节　游泳科学训练

游泳主要包括蛙泳、蝶泳、仰泳和爬泳（自由泳），这里主要对蛙泳和爬泳的技术训练进行详细的分析和阐述。

一、蛙泳技术训练

（一）身体姿势

蛙泳的身体姿势是不断变化的，其变化的节奏主要是与呼吸、腿部动作及手臂动作的周期变化相一致。在一个动作周期中，向前伸展两臂，向后蹬直且并拢两腿时，身体姿势几乎是在水中水平俯卧，两臂夹住头部，双眼向前下方注视，腹部与腿部共同位于一个水平面上，手臂与水面接近，身体纵轴与水平面成 5°～10° 的夹角。这种身体姿势，能够使游泳时水的阻力减小。要做到这一点，要求自然伸展胸部，腹部稍微收缩，腰微塌，并拢两腿，伸直脚尖，并拢并尽量向前伸展两臂，拉伸全身成一条直线。

在游泳过程中，身体会上下起伏，并且是有节奏的。在划水和抬头吸气时，上体朝向前上方抬起，肩和背部的一部分上升在水面上露出，这时躯干与水面有较大的夹角。当向前伸展两臂、向后蹬夹两腿时，肩部随着低头动作再一次浸入水中，身体继续向前滑行，姿势为流线型。

对于刚开始以蛙泳方式锻炼的人来说，对划水和吸气时拉高身体的动作要准确掌握。这主要是由于过高抬头或挺胸，会使下肢下沉，增大迎角，从而增大了在前进方向上身体的投影截面，游进时的阻力也就随之增大了。

（二）腿部动作

蛙泳腿部动作可以分为收腿、翻脚、蹬夹和滑行等四个紧密相连的动作。

1．收腿

自然向下沉两膝，并使之缓慢分开，在大腿后面向上折叠小腿，沿着水面向臀部靠拢脚跟，用较小的力量收腿，并放松腿部。结束收腿时，大腿与躯干成 130°～140°的夹角，两膝之间的距离比髋略宽，尽量使小腿垂直于水平面，做好翻脚和蹬腿的准备。

2．翻脚

实质上，翻脚是从收腿到蹬水的一个过程，是收腿的结束，也是蹬水的开始。使腿在蹬夹时有一个良好的对水面是翻脚的主要目的。在蛙泳锻炼中，蹬水的效果直接受到翻脚动作好坏的影响，而腿部的柔韧性和踝关节的灵活性又决定着翻脚动作的好坏。

当收腿使脚跟与臀部相接近时，内旋大腿，稍内扣两膝，向外张开小腿，弯曲两脚背从而勾紧脚掌并使之向外翻开，向两侧转脚尖，使小腿和脚的内侧面向后，形成良好的对水面，做好蹬夹动作的准备。在将要完成收腿时，就开始翻脚，快完成翻脚时，就开始蹬夹，在开始蹬夹时继续翻脚。收、翻、蹬夹是紧紧相连的三个动作，环环相扣，使一个连贯圆滑的鞭状动作得以形成。

3．蹬夹

蛙泳训练中推进力得以获取的主要动作就是蹬夹动作。在即将完成翻脚时就已开始蹬夹动作。在后蹬的开始阶段，脚是继续向外运动的，翻脚在这时得以充分完成。这主要是由于翻脚动作的惯性造成的。随后，同时使腰腹和大腿发力，下肢各关节依次伸展，两脚向后方向内部运动，并且稍微向下压两脚，直至并拢两腿，弧形的鞭状蹬夹动作就完成了。“蹬”与“夹”共同构成蹬夹动作，两腿一边后蹬一边内夹，当蹬直两腿时也就并拢两膝了。

蹬夹时，最大对水面积的保持取决于下肢各关节的伸展顺序。正确的伸展顺序：髋关节先伸展，膝关节后伸展，踝关节最后伸展，直到伸直并拢两腿。开始蹬夹时，主要是大腿向后方向运动，不要过早伸展膝关节，尽量保持小腿垂直的有利姿势，使小腿向下打水的错误得以避免。在蹬夹动作中，要保持勾脚并外翻脚的姿势。在将近结束蹬夹动作时，内旋并伸直脚掌，这时最后的鞭水动作就完成了。如果踝关节先伸展，就会使翻脚所形成的良好对水面遭到破坏，用脚尖蹬水的错误动作就出现了。

在蹬夹动作的完成过程中，相对于静止的水来说，脚的运动轨迹是一条复杂的三维曲线，不仅有向后的运动，而且有向外部，内部、下方的运动，蹬腿的升力和蹬腿的阻力共同构成了水对腿部动作的反作用力。在蹬夹动作中，起重要推进作用的是蹬腿的升力。然而蹬腿的阻力对推进力的影响更大，这主要是因为小腿和脚的内侧面是向后对水，而且腿部向后运动的幅度相对于自身来说较大。这就要求在蹬夹过程中，要积极调动大腿内收肌群的作用，使腿脚避免过分外张，这样向后的蹬夹方向才能得以保证。

升力和阻力与速度的平方都是成正比的，产生的推进力随着蹬夹动作速度的加快而增大。蹬夹动作强劲有力，能够使蛙泳速度得到最大限度的提高。蹬夹时，要保证腿部肌肉的力量尽可能地得到发挥，并不断增加肌肉力量。开始蹬夹时，动作是柔和的，但最后脚掌的动作与小腿的伸直动作是快速有力的。

4．滑行

当蹬夹动作完成后，腿的位置较低，脚与水面大约保持 30 厘米～ 40 厘米的距离。此时，身体在水中获得了最大速度，伸直且并拢双腿，适度地使腰、腹，臀及腿部的肌肉紧张起来，使身体以流线型姿势向前滑行，为下一个腿部动作周期的开始做好准备。滑行中，两腿要保持较高的位置，使滑行时的阻力减小。

在蛙泳训练中，对蛙泳训练方法掌握的基础是腿部动作。在腿的一次动作周期中，要连贯地完成收、翻、蹬动作，与蹈夹水速度相比，收腿与翻脚的速度要慢一些。

（三）手臂动作

蛙泳的手臂动作对身体前进具有很大的推动作用。蛙泳时，在水下完成整个手臂动作。对于游泳运动者来说，手臂的划水路线与两个相对的“桃心形”相似。也就是说运动者的两手从“桃心”的尖顶开始，一直划动一周后回到尖顶。为了使对手臂动作的分析较为方便，把蛙泳中手臂划水的动作分为外划、下划、内划、前伸等四个紧紧相连的动作阶段。

1．外划

蛙泳的手臂动作始于两臂前伸并拢、掌心向下的姿势。这是手臂划水的起点，也是每一次循环的开始。紧接着，进入外划阶段，两臂开始内旋，掌心向外斜下方转动。在这一阶段，手腕稍微弯曲，手臂向外横向划动，直到两手间的距离拉宽至大约肩宽的两倍。外划的动作要保持平稳且相对较慢，为接下来的动作做好铺垫。

2．下划

随着外划的完成，手臂动作进入下划阶段。在这一阶段，前臂继续外旋，同时肘关节开始弯曲，掌心朝后下方转动。手和前臂以肘关节为轴，加速向下与向后划动。值得注意的是，下划过程中，手和前臂保持较快的速度和较大的幅度，而上臂的移动则相对较少。这样一来，前臂与上臂之间的夹角迅速缩小，为内划阶段做好了准备。

3．内划

内划阶段是蛙泳手臂动作中产生推进力的关键环节。在下划结束后，掌心迅速向内后方转动，手臂加速横向划动。这一过程中，手臂保持由外向内并稍向后的轨迹，肘关节进一步弯曲，同时向下、向后、向内收夹，最终位于胸部侧下方。当手臂划至胸前时，两手的距离非常接近，这时的手臂动作已经为身体产生了显著的推进力。

4．前伸

内划结束后，手臂动作进入前伸阶段。在这一阶段，两手逐渐向内、向上划动，轨迹逐渐转化为向上、向前的弧形运动。随着两手的上移，它们逐渐靠拢，掌心向下转动，手指指向前方。同时，肘关节沿平滑的弧线前移，推动两手贴近水面伸向前方。在这一过程中，游泳者需要迅速低头，让两臂夹住头部。完成伸臂动作时，两臂伸直并拢，肩部充分伸展，保持流线型姿态向前滑行，以减小阻力，提高效率。

在整个蛙泳手臂动作的过程中，手的运动轨迹实际上是一条复杂的三维曲线。相对于静止的水面，手在划水时并没有大幅度向后移动的动作，而是更多地进行了横向和上下方向的运动。这种运动方式好似手抓着一个固定的把手向前方拉引身体，有效地产生了推进力。

此外，手臂动作中的划水阻力和划水升力也是推进身体前行的重要因素。在划水过程中，手掌平面与划动方向保持一定的迎角，产生了既有助于身体上升又有助于身体前进的升力和阻力。这些力量的合理运用使得蛙泳成为一种既高效又快速的游泳姿势。

（四）配合动作

蛙泳通常采用呼吸、手臂和腿 1 ： 1 ： 1 的配合技术，也就是说，在一个完整的动作周期中，蹬夹、划臂及呼吸各一次。配合游时应以臂、腿力量的充分发挥为基础，保证动作的协调、连贯与节奏性、速度是较为均匀的。

1．臂与腿的配合

蛙泳运动中，臂和腿的配合是一种交替进行并稍有重叠的技术。两臂外划和下划中，保持两腿伸直的姿势，两腿略微紧张；两臂内划时，放松两腿，向下沉两膝，收腿；开始向前伸展两臂时，收腿要迅速完成，翻脚动作也要规范；快要伸直两臂时，向后快速蹬夹；结束蹬夹动作后，伸直全身，以良好的流线型姿势继续滑向前方。

对于刚开始学习蛙泳的人来说，要对蹬夹后的滑行重视起来，认识到蹬夹后滑行的重要作用。只有在游进中带有滑行动作，才能将配合技术的动作重点掌握好，使正确的动作节奏得以形成。运动者可以通过长滑行计动作次数的游进练习来对自己臂、腿动作的效果加以检验。

2. 呼吸与臂的配合

蛙泳的呼吸是和手臂的划水动作紧紧结合在一起的，主要有两种类型：早吸气、晚吸气。

（1）早吸气配合技术

两臂开始外划时，收缩颈后肌，头保持上抬，向前伸展下颌，在水面上露出口，将气吐尽；在两臂下划和内划的动作中保持吸气；向前伸展两臂时低头闭气；在水中滑行时保持呼气。这种呼吸方式是对划水开始阶段手臂向外、向下划动所产生的向上的反作用力的利用，使人能够较为容易地在水面抬出头部，呼吸的整个时间比较长，动作也比较缓慢。初学游泳的运动者比较适合采用早吸气配合技术。

（2）晚吸气配合技术

晚吸气配合技术中，抬头和前伸下颌的动作不明显。两臂外划和下划时，身体以较平直的流线型姿势向前滑行；在两臂内划的过程中，口要随着头与肩的上升而在水面露出，吐尽气；结束内划后，向前上方最高位置的方向伸展头与肩，并快速吸气；向前伸展两臂时，头部迅速低下闭气；滑行中向水中呼气。这种呼吸方式能够使水的阻力的减小，同时能够促进手臂划水的力量得到更好的发挥，但动作要连贯，保持均匀的前进速度。

二、爬泳技术训练

（一）身体姿势

游爬泳时，身体要保持俯卧姿势，而且是将近水平的姿势，适当保持躯干肌肉的紧张，使躯干保持良好的流线型，身体纵轴与水平面的夹角为3°～5°。自然地向颈后弯曲头部，两眼视线向前下方注视，露出水面的头部是整个头部的1/3，水平面与发际接近。为了使动作效果良好，暂时向下沉双腿。游进中，可以围绕身体的纵轴使身体有节奏地转动，转动幅度通常保持35°～45°角的范围。倘若加快速度，就会相对地减小角度。

这种转动并非有意识的专门转动，其属于自然转动，是由划臂、转头和吸气而形成的。转动所带来的好处有以下几点。

第一，为手臂的出水和空中移臂提供方便，能够有利于移臂转动半径的缩短。

第二，为手臂在水中抱水和划水提供方便，使手臂划水的最有力部分与身体中心的垂直投影面更接近。

第三，因为臀部会有轻度的转动（伴随身体转动），部分侧向打水动作在腿打水时产生，能够有利于移臂造成的身体侧向偏离的影响的抵消，使身体保持平衡。

第四，为呼吸提供方便。

（二）腿部动作

在爬泳训练中，大腿动作不仅能够产生推动力，而且能够有利于使身体维持平衡，便于抬高下肢，对双臂有力地划水也起到协调配合的作用。

爬泳时腿的打水动作方向与水平面几乎是保持垂直的，从垂直面看，两腿之间分开 30 ～ 40 厘米的距离，膝关节呈大约 160° 弯曲。

在向前游的过程中，腿向上打水时，应保持几近水平的姿势；向下打水时，要与身体在水中的最低部位持平或低于身体的最低部位。打水的正确动作为稍向内旋转脚部，自然放松踝关节，从髋关节开始向上和向下的打水动作，大腿要用力，通过整个腿部直到脚，一个“鞭状”的打水动作就形成了。向下打水时要获得最佳效果应在打水时使用较大的力，保持较快的速度；而向上打水时，大腿要放松、自然，减小用力度，保持较慢的速度。

从腿向上动作开始，当大腿带动小腿，从下直腿开始一直上移直到踝关节，膝关节、髋关节平行于水平面时，大腿稍微向上而使移动动作停止，此时开始向下打水。当大腿开始向下打水时，小腿和脚会继续向上移动，使膝关节弯曲形成一个大约 160° 的角，这主要是受惯性作用的影响。这时小腿和脚都达到了最高点，因为大腿会继续向下移动，因而小腿和脚在大腿的带动下完成向下打水动作。

当大腿向下打水到最低点并向上抬起时，小腿和脚与大腿仍保持一个角度并继续向下移动打水，直到大腿完全伸直停止打水动作，小腿此时在大腿的带动下向上移动，第二个循环动作便开始了。

（三）手臂动作

爬泳的臂部动作是促进身体前进的主要推动力。它分为入水、抱水、划推水、出水和空中移臂等几个紧密相连的阶段。

1．入水

手臂入水时，略弯曲肘关节，使之比手臂高，自然伸直且并拢手掌，与水面成30°～40°的角，首先使拇指斜向插入水中。手掌要向外，动作要做到自然放松。手入水时位于肩的延长线上，或位于身体的中线和肩的延长线之间。入水顺序：手→前臂→肘→上臂。

2．抱水

手臂入水后，自然伸直手腕，向下转动掌心，积极插向前下方直到对抱水动作有利的位置，此时积极外旋前臂和上臂。当几乎完全伸直手臂时，手臂保持与水平面15°～20°的角，向下弯曲手腕，同时弯曲肘部，使肘比手的位置高。上臂划至与水平面大约成30°的角时，手和前臂已经与垂直水平面相接近了，肘关节弯曲至150°左右，手和前臂以较大的横截面积与划水面对准，整个手臂就像抱着一个大圆球，做好划水的准备。

3．划推水

手臂在前方与水平面成40°的角起至后方与水平面成150°～200°的角止的运动过程都是滑水动作。它分为两个阶段：从抱水结束到划至与水面垂直之前称为“拉水”，过垂直面后称为“推水”。

（1）拉水

拉水时，使肘部处于高的位置，手分别向内、向上、向后运动。当结束拉水时，手在体下与中线接近，这时，弯曲肘关节约为90°～120°，小臂由外旋向内旋转化，掌心由向内后方到外后方转化。

（2）推水

通过屈臂到伸臂完成向后推水动作。在推水过程中，手分别是向外、向上及向后的运动。要保持肘关节向上，使之靠近体侧，并且始终保持手掌垂直于水平面。推水时，手掌要垂直于水平面，这样能够使推水时产生反作用，从而能够向前推进。

整个划推水的过程中，并不是始终在一条直线上和同一平面上进行手掌的运动，手掌的运动实际上是一个比较复杂的三度曲线。从身体的额状面来看，手掌的运动成“S”形，从身体的矢状面来看，手掌的运动成“W”形。

4．出水和空中移臂

在结束划水动作后，由于惯性的作用，手臂很快与水面相接近，这时，肘关节在大臂的带动下做向外上方的“提拉”动作，把小臂和手向水面方向提出。小臂出水动作要稍慢于大臂，掌心位于后上方向。要保持快速的手臂出水动作，不要停顿，但同时也要注意柔和，尽量放松小臂和手掌。

在空中臂前移的动作不能停顿，这是手臂出水的延续。开始移臂时，手掌几乎完全将肘部提向后上方，放松手腕，手位于肘关节后。当向前摆动手臂使之过肩时，手臂应与肘保持同一直线的方向。这时逐渐向前伸出手和前臂，并且开始向前下方转动掌心，接着为入水动作做好准备。

（四）配合动作

配合动作在游泳中至关重要，特别是在爬泳这一技术动作中。两臂、呼吸以及整体的配合，都是确保游泳者能够保持均匀前进速度、充分发挥力量并顺利呼吸的关键。

首先，两臂的配合是爬泳中的核心要素。根据划水时两臂的位置，可以将其分为前交叉、中交叉和后交叉三种方式。前交叉适合初学者，因为它提供了较长的滑行距离，有助于初学者掌握爬泳的基本动作和呼吸技巧。而中交叉和后交叉则更适合有一定基础的游泳者，它们能更好地发挥两臂的力量，提高动作频率，使推进力更加均匀。

其次，两臂与呼吸的配合也是不容忽视的。在爬泳中，呼吸技术直接影响到划水力量、速度和耐力的发挥。通常情况下，游泳者会在两臂各划一次后进行一次呼吸。如果呼吸与臂的配合还不够熟练，可以选择多划几次臂再吸气，以逐步掌握这一技巧。在吸气时，游泳者需要随着肩与身体的转动将头转向一侧，在波谷中吸气，而在移臂时则将头转回正常位置。

最后，完整的配合是确保爬泳技术流畅、高效的关键。这包括转头吸气、臂部动作和腿部打水的协调配合。以向右吸气为例，游泳者需要在右手入水后开始呼气，随着右臂划水到肩下位置时转头吸气，并在右臂出水时完成吸气动作。同时，头部需要随着手臂的向前移动而转回之前的位置，并保持闭气状态。在爬泳中，常见的呼吸与臂、腿配合比例是1 ∶ 2 ∶ 6，但也可以根据个人的技术水平和需求进行调整。

第二节　体操科学训练

一、体操技术

（一）体操动作技术的概念、特点和作用

运动技术是指符合人体运动科学原理，能充分发挥身体潜在能力，有效地完成动作的合理方法。

体操动作技术是指完成体操动作的合理方法。具体来说，是指运动员合理运用内外力，根据动作的要求，改变身体及身体部分的位置，从而完成动作的方法。这就是我们常说的做动作时如何用力，用力的方向和大小如何，哪部分肌肉用力，哪部位肌肉放松，它们之间的协调、配合，等等。运动技术具有以下特点：

第一，技术寓于动作之中。运动技术必须通过具体的动作来表现。

第二，技术的合理性包括符合人体运动的力学规律和生物学规律等方面要求。

第三，技术是一种理想的“模式”，反映的是一般规律，具有共性，但又必须考虑运动员个人的特点，具有个性。这种共性和个性的统一才是应寻求的

最佳技术。

第四，技术具有相对性，随实践的发展而发展，始终处于一个动态的过程中。

在技术训练中，必须考虑上述方面的特点，才不至于造成思想方法上的片面性而影响技术训练的效果。

竞技体操是技术性很强的项目，它包含了多种类型的、非常丰富的技术动作。动作技术对体操项目的运动成绩具有决定性的作用。在竞赛中，裁判员主要是根据完成整套动作的编排、难度及技术质量进行评分。因此对动作的准确性、幅度、姿态、节奏、协调和平衡等技术要素的要求很高。在实际训练中，技术训练和身体训练等其他训练内容相比所占的比重最大，占训练总时数的70%～80%。

在竞技体操中，影响掌握动作技术的因素很多，归纳起来，主要有以下几点：

第一，运动员的条件。包括运动员身体形态及解剖生理机能、中枢神经系统的控制能力、运动员的智能、心理特征、身体素质，等等。

第二，教练员的水平和能力。

第三，体操规则的要求和动作难度价值的变化。

第四，环境、各种训练条件的保证，等等。

（二）技术训练的任务、内容与方法

技术训练的目的在于学习、掌握、提高和完善体操动作技术，从而使运动员得以发挥其最佳的运动能力。

体操技术训练的主要任务为以下几方面：

第一，学习和掌握各种不同类型、不同难度的体操运动技能。

第二，巩固、提高和完善已经掌握了的运动技能。

此外，还应通过技术训练不断提高运动员的身体机能，学习和掌握竞技体操专项理论知识和对专项技术的分析能力，培养良好的训练和比赛作风等。

体操技术训练的内容与方法大致有以下几种。

1. 基本技能的训练

包括在器械上正确支撑和悬垂的技能、表现体操基本姿态的技能（如直腿、并腿、绷脚尖、手指并拢、抬头挺胸等）、跳跃的技能、转体和翻转的技能、正确落地的技能、由支撑和悬垂起摆的技能，等等。

体操运动员最初阶段的内容就是掌握上述的基本技能。因此，训练课的准备、基本、结束部分，都可用来进行专门的基本技能训练。主要的训练方法与手段如下：

（1）基本姿势训练

通过专门选择的、有目的的各种游戏，如徒手体操，持轻器械体操及专门练习，培养运动员正确的身体姿势，包括臂、腿、躯干在基本方位的准确姿势，以及在器械上悬垂和支撑时的正确姿势。

（2）舞蹈训练

在体操训练最初阶段，舞蹈训练是技术训练的重要组成部分。其内容有艺术体操、芭蕾舞和古典舞等。在现代竞技体操的教学训练实践中，男女均采用这些手段，而男子主要以芭蕾舞和古典舞的基础训练为主。通过舞蹈集训不仅能培养正确的姿态、漂亮的手势、灵活的关节及某些体操运动员必需的素质和技能，而且还能培养运动员的节奏感、音乐感、表现力等。而各种代表性舞蹈则是完成自由体操必不可少的基础。因此，舞蹈训练是一个很难替代的重要手段。

（3）跳跃训练

通过各种各样的跳跃基本练习，使练习者掌握和提高起跳、推手、空中控制身体及落地的技能。

（4）旋转训练

旋转训练的主要任务是提高运动员完成复杂腾空翻转动作的能力，掌握转体和翻转的技能，特别是无支撑时的转体。运动员在儿童少年时期就能接受一定量的旋转训练，并且很容易适应。旋转训练可采用各种手段进行，最简单的方法是滚动和多次滚翻。利用弹跳板做团身，直体跳并加转体，以及简单的空翻动作等。有条件还可以采用专门的旋转器，而最有效的手段是弹网（蹦床）

练习。

（5）基本动作训练

基本动作训练也是基本技能训练的重要手段。在基本动作训练中，教练员有意识提醒运动员注意贯彻和体现基本技能的各项内容。并在具体动作练习中，有侧重地提出重点要求，如上器械和落地的姿势等。

2．基本动作和规定动作的训练

（1）基本动作的训练

基本动作是指竞技体操各项目所必需的各种不同结构类型的典型动作，也称“断面或剖面动作”。掌握这些动作可以对大量其他的同类动作起正确诱导的作用，从而缩短掌握同类动作的时间和提高动作质量，并为学习复杂的高难动作打下良好的技术基础。如在吊环上掌握正确的悬垂摆动就为学习向前和向后大回环创造了条件。

各项目基本动作的内容如下：

技巧：前后滚翻、手倒立、后滚翻成倒立、鱼跃前滚翻、侧手翻、前手翻、后手翻、趋步、侧手翻向内转体90°接后手翻、侧手翻向内转体90°接后手翻团身后空翻、侧手翻向内转体90°接后手翻直体后空翻、侧手翻向内转体90°接后手翻跳起转体180°前空翻、燕式平衡、直臂屈体分腿慢起手倒立、利用弹板和蹦床做的各种翻转练习。

鞍马：正撑和后撑的单腿摆动和摆越、正交叉、反交叉、低山羊全旋、低无环马全旋、鞍马环上全旋、环外全旋、侧撑全旋（马头全旋）、环上全旋挺身转体180°、托马斯全旋、单环全旋、无环马纵向向前和向后移位全旋、直角单环进与直角单环出、环外托马斯全旋经手倒立转体90°挺身下。

吊环：悬垂大摆动、支撑摆动、向前高转肩、向后高转肩、前摆下、后摆上、屈伸上、手倒立、手倒立下摆成悬垂、手倒立前翻成悬垂、后上成支撑、翻上成手倒立、后摆上成手倒立、直体后空翻下、团身后空翻两周下、屈体前空翻下、直臂屈体慢起手倒立、水平支撑、十字支撑、前后大回环、后摆前翻成支撑。

跳马：助跑、踏跳、推手和落地练习、分腿腾越、预先后摆屈体腾越、助跑跳上高垫子成手倒立、侧手翻、前手翻、前手翻团身前空翻、侧手翻向内转体 90° 接团身后空翻、蹲子上板直体后空翻。

双杠：支撑摆动、悬垂摆动、挂臂撑摆动、直臂屈体慢起手倒立、摆动手倒立肩向前和肩向后转体 180° 、长振屈伸上、弧形挂臂、弧形上支成支撑、后上支撑、后回环成手倒立、手倒立向后大摆成悬垂、前摆转体 180° 成支撑和倒立、后空翻成倒立、挂臂前摆上、挂臂后摆上、前空翻下、后空翻下、倒立前翻技术、向后大回环。

单杠：悬垂大摆动、悬垂大摆动连续转体、屈伸上、屈伸上换反握成手倒立、后上、向前、向后大回环、用振浪技术做的前后大回环、腾身回环成倒立、前上成吊臂悬垂、后上后翻成吊臂后悬垂、向前或向后吊臂大回环、向前大回环转体向后大回环、向后大回环转体接向前大回环、分腿支撑前和后回环成手倒立、直角腾越、屈体前空翻下，直体后空翻下、团身空翻两周下、后摆分腿越杠下、单臂摆动、单臂向前和向后大回环。

高低杠：悬垂摆动、支撑后回环、长振屈伸上、屈伸上换握高杠、前上、支撑后摆成手倒立、腾身回环成手倒立、手倒立下摆成悬垂、弧形转体、向前和向后分腿支撑回环、绷杠下、腹弹后摆上、倒立转体 180° 、悬垂摆动团身后空翻下、向前和向后大回环。

平衡木：各种立走跑跳、单腿和双腿的转体、前后滚翻、前后软翻、前后手翻、侧手翻、侧空翻、手倒立、各种平衡、侧手翻向内转体 90° 、侧手翻向内转体 90° 接团身后空翻下。

基本动作的训练方法可先采用单个动作的教学方法，使运动员掌握单个基本动作的技术，再进一步提高动作技术的质量。基本动作训练的目的在于提高运动员的基本技术。基本技术是指完成某一类型动作时起关键作用的技术或技术环节。因此，基本动作训练的核心是基本技术训练。运动员基本技术掌握得如何，将直接影响今后新动作的发展和动作质量的提高。如单杠向后大回环，它是所有向后大回环组、大摆向后空翻接做的下法组、向后空翻转体再握杠组和向后腾越组的基本动作。其关键技术在于倒立下摆至接近杠下垂直部位前“沉肩振浪”，这个技术掌握和好坏直接关系到能否掌握好动作的节奏，能否充分利用体前肌肉群的弹性和器械变形的弹性为下面的踢腿创造良好的机会。我国优秀运动员的训练经验证明：必须在基础训练阶段抓住基本技术训练这个核心环节。

基本技术训练要严格要求，反复训练，长年坚持。对基本动作的技术要领和规格要有明确的要求，使基本技术掌握得更加熟练（可以连接其他动作或编成小套经常练习），并要求在完成基本动作时做到有节奏、有速度、动作优美、舒展、柔和、别具风格。

基本技术训练原则上应全年贯彻，但可根据训练计划和训练阶段的不同，因人而异，有所侧重。在多年规划中可以有若干年，在一年中可以有某一训练阶段侧重基本技术训练。

（2）规定动作的训练

规定动作是体操竞赛的内容之一。它是根据比赛要求，预先制订的成套动作。我国现行的等级运动员制度分三级、二级、一级和健将级四个等级。每个等级都有规定动作。一级至三级的规定动作由国家体委制定。健将级则采用国际体操联合会男女技术委员会制定的奥运会规定动作。

规定动作成绩的好坏，对团体成绩起着重要的作用。在国际比赛中被人们称为通向冠军宝座的“敲门砖”。规定动作大都选择各项目的基本动作为主要内容，因而可将规定动作训练看作一种基本动作训练。但由于等级大纲规定动作仅有数套，不能包括所有的基本动作。因此，不能以规定动作的训练来代替基本动作训练。

对高水平运动员来说，规定动作四年要调整一次，时间性很强。因此，要通过各种信息源，尽早了解规定动作大纲的具体内容和要求，以便及早安排。

在规定动作训练中，一般开始先把重点放在解决难点上。即先抓落后项目和各项较难掌握的动作。其间穿插学习其他项目和各项较易掌握的动作。这是因为掌握难度动作需要花费较多时间，不是集中短时间训练能够完成的。同时这种安排可以充分利用训练时间，难易动作穿插进行，训练内容的安排也较丰富。同时先掌握下法，又可以提早进行架子套或后半套练习，有利于成套耐力的培养和提高下法的稳定性。

另一种训练安排是先掌握容易的动作以提高练习者的兴趣和信心，然后再解决难点。但在掌握较容易的动作时，要注意为解决难点动作做好专项素质等方面的准备。赛前训练阶段较长的情况下可采取这种安排。

掌握了单个动作以后应及时转入联合动作训练，进一步提高单个动作的质量和熟练性。在规定动作训练中要根据运动员个人特点，注意扬长避短，强项要突出高标准，弱项应达到不扣分标准。高水平运动员（健将级以上）则应要求全能各项目都达到高标准、高质量，把规定动作的单个动作及连接技术“练绝”，尽可能提高动作幅度。如鞍马正交叉，两腿应摆到接近手倒立部位。

规定动作训练时要注意技术的先进性，这一点对青少年运动员特别重要。规定动作中某些关键的基本技术要从严要求，做到正确、熟练。如单杠的振浪技术、跳马的踏跳和推手技术，等等。

在规定动作训练中还应注意与自选动作训练的关系，要合理安排，既要有所侧重，又要防止“单打一”。

3．自选动作和高难动作的训练

（1）自选动作训练

自选动作是运动员根据体操竞赛规则的要求，自己选择和编排的成套动作。自选动作要充分表现运动员个人特长（扬长），最大限度地避开个人弱点（避短）。每个运动员的条件都不可能是十全十美的，教练员和运动员要善于根据运动员个人的身材、素质、技术、性格、艺术素养等方面的能力来选择自选动作。自选动作的编排要符合规则对各项目的规定和要求。优秀运动员的自选动作编排还要考虑惊险性、独创性和熟练性等三性加分因素的要求。此外也要经常注意体操技术的最新要求。

自选动作的成套训练与规定动作的成套训练一样要加强架子套训练，成套训练和超成套的训练以提高专项耐力和成套动作的熟练性。

（2）高难度动作训练

自选动作训练中的一个重要问题是高难度动作的训练。而高难度动作训练问题的核心是创新。没有创新，自选动作就没有生命力。因此，教练员必须科学地预见到未来，应掌握用什么样的动作，怎样的成套编排，如何来对付未来的对手，这是十分重要的。

在创新时要尽可能考虑创新动作的价值及可能保持独特性的时间，在发展难新动作时要克服保守思想，贯彻全年发展的方针（少年根据多年发展规划的安排），才能适应竞技体操日益发展的需要。

高难度动作由于动作技术复杂，故其教学训练过程相对复杂，掌握动作的时间也较长。在高难动作的教学训练中，一般可分为三个阶段进行。

第一，准备阶段。此阶段要研究动作的技术结构和动作的教学结构，制订出具有个人特点的教学训练计划并确定教学顺序。

第二，学习阶段。对运动员进行专项身体素质训练并采用一些辅助训练手段，在此基础上运用讲解，看技术资料、电影、录像，以及在教练员助力下体会动作等手段建立动作的初步概念，再采用完整法或分解法使运动员初步掌握动作技术。

第三，巩固阶段。重复练习，改进动作，减少保护和帮助，提高动作质量，逐步形成个人风格，然后加入联合动作和成套动作训练，使动作进一步地巩固和熟练。最后为提高动作的稳定性或成功率，可采用模拟比赛，如在疲劳情况下，在没有做准备活动情况下，在不熟悉的器械上完成动作直至参加比赛。

发展高难动作一开始就要注意质量，没有质量的动作就没有意义。因此，高难动作的训练安排应特别注意：每次训练课的时间不宜太长，练习重复次数不宜过多。这是因为练习高难动作时要求运动员思想高度集中，精神负担较重。而且在教学开始阶段如果重复次数太多会使暂时还不准确的动作固定下来，同时训练课之间间隔要短，以免因间歇过长影响教学训练效果。为保证有充沛的体力和精力，应尽量把学习高难动作的项目安排在第一项，每次训练课也不要在几个项目上同时学习新的高难动作，这样分散了运动员的精力，不利于动作的学习和掌握。

（三）技术训练的基本要求

不断提高体操动作的质量是体操技术训练的重要任务，动作技术只有达到很高的质量才具有艺术性和竞争性。体操动作的质量主要包括动作技术质量、动作姿态质量和成套动作质量等三方面。动作技术质量是指运动员完成单个动作的技术要领是否正确、先进（动作技术规格是否高标准）。动作姿态质量是指完成动作时运动员对身体姿态的控制程度。成套动作质量是指运动员完成动作时所表现的节奏性、协调性、熟练性和稳定性程度及个人风格等。这些都要靠日常技术训练中逐步对运动员提出要求，进行长期的严格训练才能达到。

对体操技术训练的基本要求如下：

1．动作技术要正确和先进

体操动作技术是否正确先进，主要反映在动作的技术要素，如幅度、角度、速度、节奏、高度和远度等方面，并要考虑是否对发展难新动作有利。因此，在训练实践中要认真研究动作技术的正确要领和先进做法。不断钻研，努力探索、发展和创造新技术，以促进运动技术水平的不断提高。教练员对正确完成动作技术的运动员应及时给予表扬和鼓励。

2．技术训练要求全面

运动员所掌握的技术越全面，掌握的动作技能就越多，也就越有利于学习新动作，掌握新技术。全面的技术训练也有利于发现运动员技术上的个人特点。因为通过全面的技术训练，教练员容易发现运动员对各种类型技术掌握的情况，这样就可根据个人技术特点，重点抓住一两个关键技术进行精雕细刻，使之形成自己的技术风格，并发展个人的绝招动作。

随着体操技术的发展，成套编排和连接技术的要求不断提高，技术全面性的要求更加突出了。技术不全面表现在：自由体操中向后的多，向前和向侧的少；双杠训练中注意了支撑摆动技术，忽视了摆动技术和后倒弧形技术，等等。这样势必在成套编排中出现难度动作选择单调和同类动作过多等缺陷，甚至形成落后项目。因此，从训练开始就应打好全面的技术基础。

3．技术训练要与专项素质训练相结合

身体训练是技术训练的基础，良好的身体素质，特别是专项素质有利于运动员较快地掌握基本技术，也有利于提高基本技术的质量。反过来在技术训练中不仅能提高技术，同时也促进了某些身体素质的提高。因此，在训练中要使两者很好地结合。为了掌握完善的基本技术，要注意采用与基本技术相近的专项素质手段进行训练，充分运用辅助器材，促使基本技术达到较高的质量。

4．技术训练应结合个人特点

体操动作的技术规格要求虽然大体相同，但由于运动员个人的身体形态、素质、能力等条件不同，在完成同样动作时，技术方法和风格可以不同。如个小、力量素质好的运动员动作可以做得快速，刚劲有力。而对身材高、柔韧好的运动员又可做得柔和，舒展大方而富有节奏感等。因而，在提高和改进技术时，也应突出个人特点，这可从下面几个方面考虑：改进某些动作细节；加大动作幅度；形成具有个人特点的动作节奏；提高腾空高度和落地的远度；采用具有个人特点的连接和连接的节奏；结合个人特点，形成个人技术风格；基本技术必须熟练和稳定。

俗话说："熟能生巧。"基本技术只有熟练地掌握才能被应用并进一步发展。例如，只有当运动员熟练掌握正交叉的基本技术后，才能进一步发展正交叉转体动作。为了熟练掌握基本技术，除了进行反复多练外，还可采用变换练习条件、增加练习难度等方法提高稳定性。例如，在正确掌握吊环手倒立技术后，可以要求运动员在吊环上做手倒立控制一定时间，这样能使基本技术的掌握达到熟练和稳定的程度。

（四）技术训练应注意的问题

技术训练涉及的问题很多，为了提高技术训练的效果，教练员必须注意这些问题，采取有效措施，以提高训练效益。

1．建立创新的指导思想

在体操等竞技项目中，技术的创新往往是取得突破和领先的关键。教练员应引导运动员不断尝试新技术、新动作，打破传统束缚，探索未知领域。通过对国际大赛的深入分析和对未来技术发展趋势的敏锐洞察，教练员可以为运动员量身定制符合其特点和发展方向的创新技术路径。这种创新意识的培养，不仅有助于运动员在技术上实现自我超越，还能为其职业生涯注入持久的动力。

2．合理安排不同项目和不同技术结构动作的训练

技术训练涉及多个项目和多种技术结构动作，如何合理安排这些内容的训练顺序和强度，是教练员必须精心考虑的问题。一方面，要避免因过度训练某一部位或某一技术而造成的局部疲劳和损伤；另一方面，要充分利用不同项目和技术之间的正诱导效应，提高训练效率。例如，在安排训练课时，可以将具有相似技术要素或能够相互促进的动作组合在一起进行练习，以达到事半功倍的效果。

3．注意紧张情绪的控制与消除

紧张情绪是运动员在技术训练中经常遇到的问题，它可能来源于对失败的恐惧、对自我能力的怀疑或对外部环境的压力等。这种情绪不仅会影响运动员的技术发挥，还可能导致其产生消极的训练态度。因此，教练员应教会运动员如何识别并控制自己的紧张情绪。具体来说，可以通过呼吸调节、冥想放松、积极心理暗示等方法来帮助运动员缓解紧张情绪，保持冷静和自信的训练状态。

4．培养良好的训练作风

良好的训练作风是技术训练取得成功的有力保障。它体现在运动员对待训练的认真态度、自我要求的严格程度，以及面对困难时的坚韧不拔等方面。教练员应通过日常训练和生活中的点滴细节来培养和强化运动员的这种作风。例如，可以要求运动员在训练中保持高度的专注力和执行力，在遇到困难时鼓励其积极寻求解决方案而不是轻易放弃。同时，教练员自身也要以身作则，成为运动员学习的榜样。

5．善于运用多种教学训练方法

技术训练的单一性和枯燥性往往会影响运动员的训练兴趣和效果。因此，教练员应善于运用多种教学方法来丰富训练内容，提高运动员的参与度和积极性。这些方法可以包括直观教学法（如示范讲解）、启发式教学法（如提问引导）、游戏竞赛法（如设置趣味性的比赛任务）等。通过灵活运用这些方法，教练员不仅可以激发运动员的训练热情，还能帮助他们在轻松愉快的氛围中更

好地掌握技术要领。

6．要注意成套训练的成功率

在技术训练中，成套动作的稳定性和成功率是衡量训练效果的重要指标。为了提高这一指标，教练员应指导运动员进行长期的、系统的成套动作练习，确保每一个动作都能达到熟练且稳定的水平。同时，还要根据运动员的实际情况和比赛要求，合理编排成套动作，避免过高或过低的难度设置。在训练中，还要特别强调第一套动作的成功率，因为这在很大程度上会影响运动员在后续比赛中的心理状态和表现。

二、体操运动的科学训练

（一）力量

竞技体操的比赛，就是比运动员完成体操动作的难度与质量。运动员完成任何一个动作都是内力与外力相互作用的结果，力是唯一使人体改变运动状态的因素。所谓外力是指重力、摩擦力和器械弹力等人体外部的力，内力是肌肉的收缩力，它是完成体操动作的主要力。肌肉收缩力即通常所说的力量素质，对体操运动员极为重要。体操中静止用力类型的动作是运动员力量的直接表现，在动力性动作中，力量尤其是爆发力也是完成动作的重要基础，因此在体操训练实践中教练员与运动员都十分重视力量素质的训练，并且都积累丰富的训练经验。力量训练的效果取决于训练方法是否科学，为提高训练的科学性，必须研究体操运动员力量素质的特点及肌肉收缩的生理特点，在这些理论的指导下改进运动员力量训练方法。

1．体操运动员力量素质的特点

体操运动员的力量表现与其他运动项目有所不同，它主要体现在运动员如何克服和利用自身体重来完成动作。这种力量被称为相对力量，它与运动员的绝对力量、体重及身体形态紧密相关。体操中的力量不仅体现在动力性动作中，如爆发力的展现，还体现在静止用力类型的动作中，这些都是运动员力量的直接体现。

此外，体操运动员的上肢力量与下肢力量具有不同的表现形式。上肢力量主要表现在支撑和悬垂动作中，需要推撑和拉引两种不同类型的肌肉收缩方式。而下肢力量则主要体现在快速等张收缩上，如弹跳力，在自由体操和跳马项目中尤为重要。

值得注意的是，体操运动员在展现力量的同时，还需保持良好的柔韧性。力量与柔韧性的结合是体操运动员力量素质的一大特点，这种“刚柔相济”的特性使得体操动作更加优美且富有表现力。

2．力量训练应遵循的一般原则

在进行力量训练时，体操运动员需遵循几个核心原则以确保训练效果。首先是超负荷原则，即训练负荷应超过日常遇到的阻力，以刺激肌肉产生适应性增长。其次是渐增阻力原则，随着力量的增长，应逐步增加训练负荷以保持超负荷状态。专门性原则强调力量训练应与专项技术特点相结合，发展专门性力量。最后是肌群轮换练习原则要求合理安排不同肌群的训练顺序和休息时间，以提高训练效率。

3．体操运动员力量训练的方法

体操运动员的力量训练主要采用等张训练法和等长训练法。等张训练法以肌肉的等张收缩为主，通过调整训练负荷和选择具体的练习方法，如手倒立类练习、负重双杠臂屈伸等，来发展上肢推撑力量、拉引力量及腰腹和下肢力量。等长训练法则侧重于肌肉的等长收缩，通过静止用力和用力慢做的方式来增强力量素质。此外，循环训练法也是一种有效的力量训练方法，通过设计包含多种力量练习的循环训练计划，可以全面发展运动员的力量素质。

4．体操运动员力量练习的经验

从我国优秀体操运动员的力量训练实践中，我们可以总结出一些宝贵的经验。首先，力量训练的效果受运动员身体状况的影响，因此训练计划应根据运动员的体力变化进行调整。其次，力量训练应符合个人特点，根据运动员的先天力量素质、身体形态和技术水平等因素制定个性化的训练方案。此外，一般性力量和专项力量应结合进行训练，以提高训练的全面性和针对性。最后，对于难度较大的力量性动作，应进行针对性的专门力量练习，以帮助运动员突破技术难关。

（二）速度

速度是人体快速完成动作的能力，它包括动作速度、反应速度和位移速度。速度素质主要取决于中枢神经系统兴奋和抑制的转换速度、红白肌比例（白肌纤维收缩快），以及ATP（腺嘌呤核苷三磷酸）的含量与分解再合成的速度。因此，速度素质受遗传因素影响较大。

1．动作速度和位移速度

体操项目中最主要的是动作速度和位移速度。动作速度一般通过体操动作练习来培养，其特点是规定较少的动作次数，要求运动员以最快的速度完成。常采用定量计时的练习方法，如连续侧手翻3～5次、连续后手翻3～5次、连续俯卧撑5次、仰卧两头起10次、悬垂举腿10次等，计其完成时间，也可以采用定时计量的方法，如10秒钟完成上述动作的次数。在练习时要保证动作速度不因疲劳而下降，一般不负重，教练员可给予助力以加快速度。另外还可以利用声响、灯光等信号提供必需的动作节奏，控制动作速度的变化。

体操运动员的位移速度主要是通过快速跑来培养，常采用的是20～30米的加速跑和60米的途中跑。除在田径场的跑道上练习外，还可以采用引跑、追跑比赛及斜坡跑等形式来培养位移速度。

2．速度训练时的注意事项

在发展速度素质时，首先要注意练习的强度、重复次数、组与组的间隔时间及身体恢复情况。根据运动时人体供能的特点，速度练习主要是以ATP、CP（磷酸肌酸）供能为主，时间不超过8～10秒，以极限强度完成。每组练习后的休息要能够使运动员的身体机能得到完全恢复，而后才能开始下一组练习。此外，在训练中应防止速度障碍（即速度增长停止甚至下降）的产生。其预防措施是在一定阶段内减少速度练习，而增加速度力量练习及专项身体素质练习的分量。避免采用单调枯燥的练习。

体操中的速度训练经常融于速度力量训练中。对初学者应特别注意完成动作的正确姿势和正确技术，在此基础上要求运动员提高练习的速度。

（三）柔韧性

柔韧性是体操等运动中不可或缺的身体素质，其发展方式可以分为主动和被动两种。主动柔韧练习主要通过肌肉收缩增加关节灵活性，与专项动作表现一致，但进一步提高较难。被动柔韧练习则依靠外力增大关节灵活性，虽能迅速提升柔韧指标，却与实际应用有距离，且运动员可能承受较大痛苦。因此，在体操训练中，常结合两种方法。

针对肩胸部的柔韧性，训练方式多样，包括压、拉、吊、转等。例如，面对肋木站立，通过体前屈和向下振动来压肩；背对肋木站立，通过两臂上举和向前振动来拉肩；还可以利用单杠悬垂吊肩，或进行转肩练习。这些方法都有助于提升肩胸部的柔韧性。

躯干部的柔韧性练习同样重要。体前屈是一种常见的练习方式，包括两腿并拢直立体前屈、分腿站立体前屈等，要求两腿伸直，上体尽量贴近两腿。体后屈练习则包括仰卧成桥、向后下腰成桥等，有助于提升躯干的伸展能力。

腿部柔韧性的提升也至关重要。压腿、搬腿、踢腿、控腿和劈腿都是有效的练习方法。压腿要求腿直、髓正，包括前压、侧压和后压；搬腿可由教练员协助进行；踢腿方式多样，可扶把杆原地踢或行进中踢；控腿则训练腿的控制能力，要求腿举至一定部位停住并保持一定时间；劈腿包括纵叉和横叉两种。

此外，对于踝、腕关节的柔韧性，也有相应的练习方法，如跪坐等压脚面的练习。这些练习能够全方位地提升运动员的柔韧性。

值得注意的是，柔韧性练习应从儿童、青少年时期开始，并长期坚持进行。这是因为儿童、青少年的关节灵活性好，可塑性强，此时进行柔韧性练习效果更佳。同时，柔韧性练习一般安排在早操、早课的准备部分和结束部分进行，这样既能保证练习的效果，又不会影响其他训练内容的进行。

（四）耐力

1．一般耐力

一般耐力是运动员有机体各器官系统机能的综合表现，是专项耐力的基础。一般耐力的练习方法：越野跑；3～5分钟连续跳绳；球类运动，如篮球、足球等；采用400米、800米发展速度耐力；循环练习。即把各种不同的素质练习编成套路按一定顺序练习。

2．专项耐力

专项耐力是指运动员克服体操专项动作完成过程中所产生的疲劳的能力。体操运动员的专项耐力以无氧耐力为主。体操各项完成全套动作的持续时间一般为：跳马5～7秒，器械练习25～30秒，自由体操（包括平衡木）男50～70秒，女70～90秒。根据各项目练习的时间可以看出它们的供能方式为：跳马为非乳酸能供能，主要动用肌肉中储备的ATP、CP，器械练习以乳酸能（糖原无氧酵解）供能为主。以上两种供能方式都属于无氧酵解供能。因此，体操的专项耐力主要是发展无氧耐力。

专项耐力练习的方法有：重复练习，多次重复基本动作；套路练习，以基本动作和基本难度为主的套路（或架子套路）；进行成套（完整套路）或超成套的规定动作或自选动作练习。

专项耐力练习应与各项技术训练结合起来，根据各项的特殊要求来选择练习内容、确定练习时间和次数。

（五）协调能力

协调能力是指运动员有机体各部分在时间和空间上的相互配合，合理有效地完成动作的能力。协调能力是体操运动员不可缺少的一项极其重要的素质，它是完成高难动作的基础，是上述各项运动素质服务于技术动作的保证。可以说协调能力是体操运动员的灵魂。

发展协调能力与提高专项知觉——时空、频率、用力的感觉及平衡能力有密切关系。因此，提高协调能力的练习应具有复杂性、非传统性和新鲜性的特点。除借助体操技术训练、专项身体训练及舞蹈、基本体操等练习来培养协调能力外，还应采用以下的练习方法：

让运动员尽可能地学习、掌握体操各类型的基本动作。掌握动作类型越多，基础条件反射建立越多，动作技能迁移就越容易。

经常变换练习组合方式，使运动员在不习惯的条件下练习，提高运动员的协调性。

采用弹网或弹板等专门器械进行力所能及的各种翻腾和转体动作的练习，改善前庭分析器的功能，提高运动员在空中状态对自己所处位置的判断能力。

采取一些专门练习手段：练习不对称动作；反向完成动作；改变动作的速度和节奏；要求运动员完成创造性的动作；按信号（灯光、声响、口令等）完成特定的动作；改变动作完成时的空间范围，如在空中由团身变为直体，由并腿变分腿等；采用改变负荷的静止或用力练习，提高运动员区别完成动作时肌肉用力不同程度的能力。

第五章　科学运动的原则与方法

儿童、青少年正处在生长发育时期，身体形态、机能发育还不成熟，解剖生理特点与成年人有很大的不同，因此，在参与运动锻炼时要充分考虑儿童、青少年身心特点，以保障运动安全，使运动锻炼更具有针对性。在进行运动锻炼时，应该遵循科学运动的原则。

第一节　科学运动的基本原则

一、安全性原则

安全性原则是指在体育锻炼过程中，要确保运动者安全，避免运动伤害事故的发生，是参加体育活动的首要原则。开始体育活动前，应进行身体检查，全面评价个人身体健康状况和运动能力，制定适合自己特点的锻炼方案。体育活动前要做好充分的准备活动，体育活动后要做好整理和放松活动。

二、全面发展原则

儿童、青少年进行运动时应强调全面发展力量、速度、耐力、柔韧和灵敏等多种素质，使身体各部位都参与运动，使各器官系统的机能水平普遍提高，在身体素质全面发展的同时，也有利于提高其健康体适能。儿童、青少年运动锻炼的内容要全面、科学，有针对性地解决学生健康中存在的问题。

三、循序渐进原则

循序渐进原则是指科学地、逐步地增加体育锻炼时间和运动强度。要根据儿童、青少年对运动负荷的适应情况，逐步增加负荷量，使身体机能和运动能力不断提高，以取得最佳锻炼效果。

四、个性化原则

个性化原则是指根据每个人的遗传特征、机能特点和运动习惯，制定个性化的锻炼方案。儿童、青少年各自的身体状况和运动能力不同，所以安排锻炼方案时要特别注意个体差异，在制定运动处方时，要进行必要的医学检查和运动能力测试，以了解每个人的具体情况，使锻炼方案更具个性化特征。

五、经常性原则

经常性原则是指儿童、青少年要坚持经常锻炼，持之以恒才能收到良好的效果。只有坚持经常锻炼，才能使锻炼的效果产生叠加作用，最终明显促进体质健康，提高运动能力。

第二节　运动方式与课程安排

一、运动方式

体育运动方式是运动者采用的具体锻炼手段和方法。根据不同运动方式的特征，可以将运动项目分为有氧运动、力量练习、球类运动、中国传统运动方式和拉伸练习五大类。

（一）有氧运动

有氧运动是指人体在运动中以有氧代谢供能为主的运动。有氧运动的特点是运动强度较低、时间长、距离长，如健身走、慢跑、骑自行车、游泳等。有氧运动可以提高心肺耐力、调节血压、有利于控制体重、改善血脂，是运动促进健康的基础内容，也是首选的运动方式。

（二）力量练习

力量练习是指人体克服阻力，提高肌肉力量的运动方式。力量练习包括器械力量练习和徒手力量练习。器械力量练习是指人体在各种力量练习器械上进行的力量练习，如组合器械、杠铃、哑铃等。徒手力量练习是指克服自身体重的力量练习，如俯卧撑、波比跳、深蹲、仰卧起坐等。力量练习可以提高肌肉最大力量、爆发力和肌肉耐力，增加肌肉体积和骨密度，预防骨质疏松，促进骨骼健康。力量素质是其他运动素质的基础，也是运动促进健康的重要支撑。

（三）球类运动

球类运动的影响力大，趣味性强，受众广泛。球类运动通常以混合供能为主，多为非周期性运动，需要具备一定的专项技术和良好的身体素质，对参与者综合运动素质要求较高。经常参加球类运动可以提高心肺耐力、力量、速度、协调、反应、灵敏等多种运动素质，还能提高心理素质，培养团队合作和拼搏精神，是青少年首选的体育活动项目。常见的球类运动包括足球、篮球、排球、乒乓球、羽毛球、网球、橄榄球等。

（四）传统运动健身方式

传统运动健身方式包括武术（如太极拳、长拳、红拳）、健身气功（如八段锦、易筋经、五禽戏、六字诀）、瑜伽等。传统运动健身方式动作平缓，柔中带刚，强调意念与身体活动相结合，具有独特的健身养生效果。通过锻炼可以提高人体的心肺耐力、平衡能力、柔韧性、协调性等，改善神经系统功能、调节心理状态。

（五）拉伸练习

拉伸练习包括静力性拉伸练习和动力性拉伸练习。拉伸练习可以增加关节的活动幅度、减少运动损伤、提高运动表现。静力性拉伸包括正压腿、侧压腿、压肩等；动力性拉伸包括冲击性拉伸或弹振式拉伸。以发展柔韧性和放松恢复为目的时，应以静力性拉伸练习为主；以提高功能或动态激活为目的时，可采用动力性拉伸练习。

总体上，建议青少年根据个人爱好选择合适的运动形式，尽可能多地参与不同形式的体育锻炼，以促进身体运动能力全面发展。锻炼应以有氧运动为主，力量运动为辅助，在运动前后适当增加一些拉伸练习。

二、体育课的安排

教师在体育课前的备课要做到心中有数，在安排教材内容时，应合理搭配不同性质、不同强度、适宜密度的教材。因为儿童、青少年不同年级、不同教材、不同类型的体育锻炼，其运动负荷是不同的。在锻炼内容的安排上，可以把运动负荷大和运动负荷小的练习交替安排，如强度较小的走、投与强度较大的跑、跳等内容组合。在课前的备课中要重视并且设计合理的运动负荷，针对不同的教材要设计不同的运动负荷。例如，跑的项目和投掷项目运动负荷不同，教师要深入研究教材，在练习密度上加以调整，不能 100 米跑两次，掷实心球也掷两次。确定任务时，新授的知识、技能不宜太多、太难。

在运动内容安排上，建议参考运动金字塔推荐内容，如图 6-1 所示，增加基本日常体力活动内容，以保证最基本的日常体力活动，在此基础上适当选择有氧运动、柔韧运动和抗阻运动，尽量减少静坐的时间。

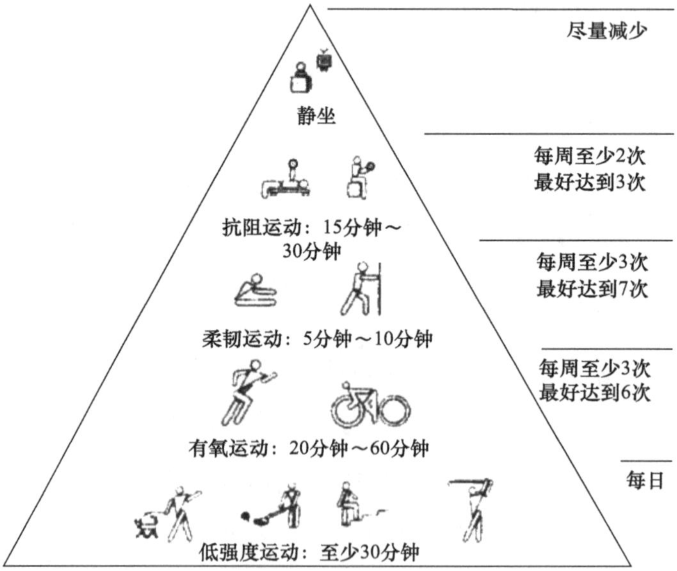

图 6-1　运动金字塔

第三节　运动时间和强度的安排

一、运动时间安排

体育健身活动时间直接影响体育健身活动效果。运动时间过短，提高身体机能效果甚微；而运动时间过长，则容易造成疲劳累积，也不会进一步增加健身效果。对于经常参加体育锻炼的人，每天有效体育健身活动时间为 30 ～ 90 分钟。在参加体育健身活动的初期，运动时间可稍短；经过一段时间体育健身活动，身体对运动产生适应后，可以延长运动时间。每天体育健身活动可集中一次进行，也可分开多次进行，每次体育健身活动时间至少应持续 10 分钟。

根据世界卫生组织（WHO）最新发布的分析报告显示，全世界五分之四的 11 ～ 17 岁年龄段的青少年活动量不够。世界卫生组织称，活动量不够会影响青少年、儿童的身心发展，包括大脑发育，以及社会技能发展。世界卫生组织体力活动指南推荐 5 ～ 17 岁人群，每天至少应进行 60 分钟中等到较大强度体力活动。每天超过 60 分钟的体力活动将会带来更多的健康益处。每天的体力活动中，大部分应进行有氧运动，每周至少应进行 3 次较大强度体力活动。

二、运动强度的安排

运动强度是制定运动处方的核心内容之一，提倡“适量运动”。如果强度过小，锻炼效果不显著；强度过大，不仅对健身无益，还可能造成运动伤害。

（一）体育健身活动强度划分

体育健身活动强度可划分为小强度、中等强度和大强度三个级别。

小强度运动对身体的刺激作用较小，运动过程中心率一般不超过 100 次 / 分，如散步等。

中等强度运动对身体的刺激适中，运动过程中心率一般在 100 ～ 140 次 / 分，如健步走、慢速跑步或骑自行车、太极拳、网球双打等。

大强度运动对身体的刺激较大，运动中心率超过 140 次 / 分，如快速跑步或骑行、快节奏的健身操和快速爬山 / 登楼梯、羽毛球单打等。

有良好运动习惯、体质好的人，可进行大强度、中等强度运动；具有一定运动习惯、体质较好的人，可采用中等强度运动；体质较弱或刚开始参加体育锻炼的人，可进行中小强度运动。体育锻炼者可根据自身情况，合理调节运动强度，以适应个体状况，预防或减少运动损伤的发生。儿童、青少年参与运动时，首先要培养正确的运动模式；其次把握好运动强度，在安全的基础上保障或增加运动健身的效果。

（二）运动强度的监测

在体育锻炼中，监测运动强度的指标主要有运动中心率、呼吸变化和自我感觉等指标。

1．心率

运动强度越大，机体和心脏对运动刺激反应越明显，心率也越快。常用运动中的实测心率及其占最大心率的百分比来反映运动强度。

最大心率是指人体运动过程中所能达到的最高心率值，用“次 / 分”表示。测定最大心率的方法有直接测定法和间接推测法。直接测定法需要在专门的测试机构，采用递增负荷运动实验进行测试，需要专门的测试仪器（如跑台、功率自行车、测功仪、心率表等）。间接测定法则是根据人的最大心率与年龄，采用公式推算正常人群的最大心率，常用的公式：最大心率（次 / 分）=220 －年龄（岁）。在进行体育锻炼时，运动强度分级见表 6–1。

表 6-1　运动强度等级表

<table>
<tr><th>强度</th><th>%HRmax</th><th>RPE</th><th>主观体力感觉</th></tr>
<tr><td rowspan="3">低</td><td rowspan="3"><57</td><td>6</td><td>毫不费力</td></tr>
<tr><td>7</td><td rowspan="2">非常轻松</td></tr>
<tr><td>8</td></tr>
<tr><td rowspan="2">较低</td><td rowspan="2">57 ～ 64</td><td>9</td><td>很轻松</td></tr>
<tr><td>10</td><td rowspan="3">尚且轻松</td></tr>
<tr><td rowspan="3">中等</td><td rowspan="3">64 ～ 76</td><td>11</td></tr>
<tr><td>12</td></tr>
<tr><td>13</td><td rowspan="2">有些吃力</td></tr>
<tr><td rowspan="4">较大</td><td rowspan="4">64 ～ 91</td><td>14</td></tr>
<tr><td>15</td><td rowspan="2">吃力（沉重）</td></tr>
<tr><td>16</td></tr>
<tr><td>17</td><td rowspan="2">很吃力</td></tr>
<tr><td rowspan="3">达到最大</td><td rowspan="3">≥91</td><td>18</td></tr>
<tr><td>19</td><td>非常吃力</td></tr>
<tr><td>20</td><td>竭尽全力</td></tr>
</table>

也可以参照中国居民运动健身指南推荐的标准：对于多数没有锻炼习惯的人而言，在体育健身活动过程中，当实测心率达到 140 次 / 分以上时，相当于大强度运动；心率在 100 ~ 140 次 / 分范围，相当于中等强度运动，心率低于 100 次 / 分，相当于小强度运动。需要注意的是，因为青少年的年龄、性别、身体健康状态、运动能力存在差异，个体运动强度的选择可以根据实际锻炼后的身体适应性，进行适当调整。

2．呼吸

运动会引起人体呼吸频率和呼吸深度的变化，因此，可以根据运动中呼吸的变化来监测运动强度。

呼吸轻松：与安静状态相比，运动时呼吸频率和呼吸深度变化不大，呼吸平稳，运动的同时，甚至还可以唱歌。在这种呼吸状态下的运动，心率一般在100次 / 分以下，相当于小强度运动。

呼吸比较轻松：运动中呼吸深度和呼吸频率增加，可以正常语言交流。运动心率在100～120次 / 分，为中小强度运动。

呼吸比较急促：运动中只能讲简短话语，不能完整说较长的语句。运动心率在130～140次 / 分，为中等强度运动。

呼吸急促：运动中呼吸困难，难以进行谈话交流。运动心率一般会超过140次 / 分，为大强度运动。

也可以参考表6–2的呼吸感觉量表（RPB）。

表6–2　呼吸感觉量表（RPB）

分数	呼吸急促感
0	非常非常轻松
0.5	非常轻松
1	轻松
2	弱
3	适度
4	有些强
5	强
6	5～7之间
7	非常强
8	7～9之间
9	非常非常强
10	最大

3．主观体力感觉

人体运动过程可通过主观体力感觉量表（Rating Of Perceived Exertion，RPE）来进行判断，RPE 量表从 6 ～ 20 分，总共分为 15 等级（表 6–1），比如，小强度运动时，主观体力感觉为“轻松”（9 ～ 10 分）；中等强度运动时，主观体力感觉为“稍累”（13 ～ 14 分）；大强度运动时，主观体力感觉为“累”（15 ～ 16 分）。

主观体力感觉等级与心率密切相关，对成年人而言，运动过程中的主观体力感觉得分数乘以 10，相当于运动中的心率（次 / 分）。例如，运动中主观体力感觉得分为 12，对应的心率大约为 120 次 / 分钟。

体育锻炼者可以通过主观体力感觉控制运动强度。一般来讲，在进行中等强度有氧运动时，主观体力感觉处于“轻松”至“稍累”水平。

运动强度划分与监测运动强度指标见表 6–3。

表 6–3　运动强度划分及其监测指标

运动强度	主观体力感觉	心率（次 / 分）	呼吸
小强度	轻松	<100	平稳
中等强度	稍累	100 ～ 140	比较急促

在力量锻炼过程中，练习的负荷重量越大，表示运动强度越大，通常采用最大重复负荷（RM）来表示负荷强度的大小。最大重复负荷是指在采用某一负荷进行肌肉力量练习时，能重复完成动作的次数。比如，某人在进行杠铃负重深蹲时，能够完成的最大负荷为 100 kg，且只能完成一次，那么他深蹲 1RM 的负荷就是 100 kg；如果他能以 80 kg 的负荷最多完成 8 次深蹲，那么他深蹲的 8RM 负荷就是 80kg。1%1RM 即为 1RM 的百分比。1RM 与 %1RM 的关系如表 6–4 所示。

表 6–4　1RM 与％ 1RM 的关系

RM	1	2	3	4	5	6	7	8	9	10	11	12	15
%1RM	100	95	93	90	87	85	83	80	77	75	70	67	65

肌肉力量可以分为最大力量、爆发力和力量耐力。在力量训练中，可以根据不同的训练目标选择适宜的训练方案。通常，力量练习负荷强度可划分为小强度、中等强度和大强度三个级别，力量练习负荷强度、次数、组数和组间休息时间等都是影响锻炼效果的关键因素。不同肌力练习法如表 6–5 所示。

表 6–5　不同肌力练习法

训练目标	%1RM	组数	次 / 组	组间休息时间
耐力	30 ～ 40	4 ～ 6	>30	30 秒
肌肥大	65 ～ 80	4 ～ 8	6 ～ 12	45 ～ 95 秒
最大力量	85 ～ 100	3 ～ 5	1 ～ 5	3 ～ 5 分钟
速度力量	65 ～ 80	3 ～ 6	3 ～ 6	3 ～ 6 分钟

在力量训练时，一定要注意技术动作的正确性，在进行大负荷锻炼时，建议合理使用护具，配备辅助人员进行安全防护。

（三）运动负荷控制

一般儿童、青少年的体育锻炼的运动负荷模式有标准型、双峰型、前高后低型、前低后高型等模式。标准型指运动负荷由小到大逐渐上升到一定水平，持续一定时间后再逐渐下降。双峰型指锻炼过程中儿童青少年承受两种运动负荷较高的练习。前高后低型主要指课的基本部分的前半部分运动负荷较大，后半部分较小。前低后高型则与前高后低型正好相反，运动负荷由小变大，如课的前半部分为新授内容——投掷，后半部分为复习内容——连续立定跳远。不管采取哪种模式，运动负荷总的调节策略应是“高低结合，动静交替”。

通常把正常学生取得最佳健身效果的心率区间确定为 120 ～ 140 次 / 分，而一节课上，将此心率的保持的时间控制在 10 分钟以上，并以中等强度和中等量结合的运动负荷为主，兼顾学生的课后恢复。

在体育锻炼中最常用到的运动负荷测量方法除了脉搏测量外，还有询问法和观察法。据瑞典生理学家研究，当询问学生锻炼后的自我感受，学生回答“累极了、很累、有点累、还行、很轻松、非常轻松”时，都会对应不同的心率，而这些心率和答案之间有着极明显的对应关系。这样教师就可以利用学生的回答来判断学生承受运动负荷的情况。采用观察法可以直接简便地知道学生的运动负荷情况，教师可以通过观察学生的脸色、表情、喘气、出汗量、反应速度等表现来判断所承受运动负荷的大小。比如，当学生承受较小负荷时可表现为额头微汗、脸色稍红；承受中等负荷时可表现为脸色绯红、脸部有汗下滴；承受过大的运动负荷时可表现为脸色发白、满头大汗、动作失控等。因此在安排运动负荷时要以学生发展为中心，重视学生的生理和心理感受。在体育课上，可以通过调整练习的次数和组数、练习的强度和时间、器械的坡度和阻力，也可以改变体育课的组织教法等来对运动负荷进行合理的调节。

儿童、青少年体育课必须有适宜的运动负荷，需要关注学生的生理效应和心理效应。在体育课堂教学中，安排适宜的运动负荷是锻炼身体和掌握运动技能的需求，也是促进学生身心健康发展的需要。

第四节　单次体育健身活动的内容与安排

一次完整体育健身活动内容应包括准备活动、基本活动和放松活动三部分，如表 6-6 所示。

表 6-6　一次体育健身活动的内容及安排

活动构成	主要活动内容	活动时间（分钟）
准备活动	慢跑、拉伸	5 ～ 10
基本活动	有氧运动、力量练习、球类活动、中国传统健身方式	30 ～ 60
放松活动	走、慢跑、拉伸	5 ～ 10

一、准备活动

准备活动是指主要体育健身活动开始前的各种身体练习。准备活动的主要作用是预先动员心肺、肌肉等器官系统的机能潜力，以适应即将开始的各种健身活动，获得最佳运动健身效果，并有效地预防急性和慢性运动伤害。

准备活动的时间一般为 5 ～ 10 分钟，主要包括两方面内容：一是进行适量的有氧运动，如快走、慢跑等，使身体各器官系统“预热”，提前进入工作状态；二是进行各种拉伸练习，增加关节活动度，提高肌肉、韧带等软组织弹性，预防肌肉损伤。

二、基本活动

基本活动是体育锻炼的主要运动形式，包括有氧运动、力量练习、球类运动、中国传统运动健身方式等，持续时间一般为 30 ～ 60 分钟。在一次体育健身活动中，需要选择合适的运动方式、控制适宜的运动强度和运动时间。在一周的体育健身活动安排中，健身活动者可以根据自身情况选择并安排不同的体育健身活动方式和运动强度。不同体育健身活动方式的运动强度、持续时间和运动频率安排如表 6-7 所示。

表 6-7　不同体育健身活动方式的运动强度、持续时间和运动频率

运动项目	运动强度	运动时间（分钟）	运动频率（天 / 周）
快走、慢跑、游泳、自行车、扭秧歌	中	≥30	5 ～ 7
跑步、快节奏健美操	大	≥20	2 ～ 3
足球、篮球、网球、羽毛球、乒乓球	中、大	≥30	3
力量练习	中	≥20	2 ～ 4
太极拳、气功	中	≥30	3 ～ 7
拉伸练习	—	5 ～ 10	5 ～ 7

三、放松活动

放松活动是指在主要运动健身活动后进行的各种身体活动，主要包括行走或慢跑等小强度活动和各种拉伸练习。体育健身活动后，做一些适度放松活动，有助于消除疲劳，减轻或避免身体出现一些不舒服症状，使身体各器官系统机能逐渐从运动状态恢复到安静状态。

第五节　不同阶段体育健身活动方案

一、初期体育健身活动方案

刚参加体育健身活动的人，运动负荷要小，每次体育健身活动的持续时间相对较短，使身体逐渐适应运动负荷，运动能力逐步提高。刚开始体育健身活动计划时，应选择自己喜欢或与健身目的相符的体育健身活动方式。运动后要有舒适的疲劳感，疲劳感觉在运动后第二天基本消失。

体育健身活动初期，增加运动负荷的原则是先增加每天的运动时间，再增加每周的运动天数，最后增加运动强度。初期体育健身活动的时间约为 8 周，具体方案可遵循以下建议。

运动方式：中等强度有氧运动、球类运动、中国传统运动方式、柔韧性练习等。

运动强度：55% 最大心率，逐渐增加到 60%。

持续时间：每次运动 10 ～ 20 分钟，逐渐增加到 30 ～ 40 分钟。

运动频度：3 天 / 周，逐渐增加到 5 天 / 周。

初期体育健身活动方案示例如表 6-8 所示。

表 6-8　初期体育健身活动方案示例

<table>
<tr><th>活动内容</th><th>星期一</th><th>星期二</th><th>星期三</th><th>星期四</th><th>星期五</th><th>星期六</th><th>星期日</th></tr>
<tr><td>有氧运动</td><td rowspan="3">休息</td><td>走步 1 000 m，心率＜100 次 / 分</td><td rowspan="3">休息</td><td>蹬车 3 000 m，心率＜100 次 / 分</td><td rowspan="3">休息</td><td>郊游或登山 30 分钟</td><td rowspan="3">休息</td></tr>
<tr><td>力量练习</td><td></td><td></td><td></td></tr>
<tr><td>牵拉练习</td><td>轻度牵拉</td><td>轻度牵拉</td><td>轻度牵拉</td></tr>
<tr><td>基本描述</td><td colspan="7">一般持续时间为 8 周，每周运动 3 天，每次有氧运动 10 ～ 20 分钟，牵拉 3 ～ 5 分钟，每 2 周运动时间递增 3 ～ 5 分钟，第 8 周时，运动时间增加到 30 ～ 40 分钟。</td></tr>
</table>

二、中期体育健身活动方案

从事 8 周体育健身活动后，人体基本适应初期的运动负荷，身体机能和运动能力有所提高，可进入中期体育健身活动阶段。在这一阶段，继续增加运动强度和运动时间，中等强度有氧运动时间逐渐增加到每周 150 分钟或以上，使机体能够适应中等强度有氧运动。中期体育健身活动的时间约为 8 周，具体方案可遵循以下建议。

运动方式：保持初期的体育健身活动方式；适当增加力量练习。

运动强度：有氧运动强度由 60% ～ 65% 最大心率，逐渐增加到 70% ～ 80% 最大心率；每周可安排一次无氧运动，力量练习采用 20 RM 以上负荷，重复 6 ～ 8 次。

持续时间：每次运动 30 分钟～ 50 分钟；如安排无氧运动，每次运动 10 分钟～ 15 分钟；每周 1 ～ 2 次力量练习，每次 6 ～ 8 种肌肉力量练习，各重复 1 ～ 2 组，进行 5 分钟～ 10 分钟拉伸练习。

运动频度：3 ～ 5 天 / 周。

在这一阶段，体育健身活动方案基本固定，逐步过渡到长期稳定的体育健身活动方案。中期体育健身活动方案示例如表 6-9 所示。

表 6-9　中期体育健身活动方案示例

活动内容	星期一	星期二	星期三	星期四	星期五	星期六	星期日
有氧运动	休息	快步 1 000 m，慢跑 2 000 m，心率 130 ～ 140 次 / 分	快步 3 000 m，心率 110 ～ 120 次 / 分		休息	郊游或登山 45 分钟	快步 3 000 m，蹬车 10 km，心率 110 ～ 120 次 / 分
力量练习				4个部位，20–30RM			
牵拉练习		牵拉练习	牵拉练习	牵拉练习		牵拉练习	牵拉练习
基本描述	一般持续时间为 8 周，每周运动 3 ～ 5 天，每次 30 ～ 40 分钟，其中，有氧运动 2 ～ 4 天，力量练习 1 ～ 2 天，每次运动后牵拉 5 ～ 10 分钟。						
自我感受	运动后有舒适感，精神愉悦，体力增强，完成同样强度运动，身体感觉轻松。						

三、长期体育健身活动方案

当身体机能达到较高水平、养成良好体育健身活动习惯后，应建立长期稳定、适合自身特点的体育健身活动方案。长期稳定的体育健身活动至少应包括每周进行 200 ～ 300 分钟的中等强度运动，或 75 ～ 150 分钟的大强度运动；每周进行 2 ～ 3 次力量练习，不少于 5 次的拉伸练习。具体方案如下。

运动方式：保持体育健身活动中期的运动方式。

运动强度：中等强度运动相当于 60% ～ 80% 最大心率，大强度运动达到 80% 以上最大心率；力量练习采用 10 ～ 20 RM 负荷，重复 10 ～ 15 次；各种拉伸练习。

持续时间：每次中等强度运动 30 ～ 60 分钟，或大强度无氧运动 15 ～ 25 分钟，或中等、大强度交替运动方式；8 ～ 10 种肌肉力量练习，各重复 2 ～ 3 组，每次进行 5 ～ 10 分钟拉伸练习。

运动频度：运动 5 ～ 7 天 / 周，大强度运动每周不超过 3 次。

长期体育健身活动方案示例如表 6-10 所示。

表 6-10　长期体育健身活动方案示例

活动内容	星期一	星期二	星期三	星期四	星期五	星期六	星期日
有氧运动	休息	走步 1 500 m，跑 3 000～4 000 m，心率 140～150 次/分		快步 4 000 m，蹬车 15 km，心率 100～120 次/分	快步 1 000 m	郊游或登山 60 分钟	跑步 4 000 m，心率 140～150 次/分
力量练习			6～8 个部位，20～30 RM，每个部位 2～3 组		6～8 个部位，12～20 RM，每个部位 2～3 组		
牵拉练习		牵拉练习	牵拉练习	牵拉练习	牵拉练习	牵拉练习	牵拉练习
基本描述	相对稳定的长期体育健身活动方案，每周 3～7 天，3～4 天中等强度运动，1～2 天大强度运动，每次运动 30～60 分钟，每周 1～2 次力量练习，每次运动后 10 分钟牵拉。						
自我感受	运动后有舒适感，精神愉悦，体力增强，有氧运动能力、肌肉力量和柔韧能力不同程度提高。完成同样运动，身体感觉轻松。						

第六章　运动损伤预防管理

第一节　体格检查和动作模式评估

体格检查涉及对身体进行一系列医学评估，旨在全面了解个体的发育状态与健康水平。通过科学的检查与筛查流程，能够精确识别出身体的异常状况或存在的缺陷，例如视力问题、心脏电活动异常、脊柱形态变化、足部结构问题等。此外，这一过程还能揭示个体体内是否存在易于受损或患病的风险区域，比如肩部或足踝部的潜在损伤，这类情况下，可能会建议避免参与如排球、足球等高强度运动。

体格检查不仅能帮助判断个体是否适合参与体育活动，还能指导选择合适的运动项目，同时提供关于如何增强健康及未来锻炼时需注意的专业指导。它也是一个评估身体发育与成熟度的重要手段。

在正式执行体格检查时，需预先准备好体检记录表，确保每项检查结果都被详细记录并存档，以供后续参考。每位参与系统性锻炼的个体都应建立个人的健康与体质档案。

一、体格检查

（一）一般史和运动史

1．询问一般史

一般史包括既往病史、家族病史、过敏史和生活史。

既往病史：询问既往是否常患病及曾患过哪些严重疾病。着重询问影响内脏器官机能和影响运动能力的伤病，例如心脏病、高血压病、结核病、哮喘、肝炎、肾炎、癫痫、关节炎及肢体和关节因伤致残或畸形等。了解发生伤病的原因、时间、治疗过程、痊愈程度、目前情况，伤病对生活、工作和运动的影响等，以及有无脑震荡史、昏厥史，是否有疾病或外伤后遗症。以往查心电图是否有异常，心脏是否有杂音，是否做过手术。

家族病史：要询问直系亲属中有无 50 岁前发生心肌梗死者，以排除家族性心脏危险因素。

过敏史：主要询问对药物、蜂虫和花草有无过敏反应病史。

生活史：主要询问其学习、劳动条件、生活制度、营养条件，有无饮酒、吸烟及偏食习惯等。

对女性，需询问月经史。如月经初潮年龄、月经周期、经血量的多少、月经的身体反应及对运动能力的影响、月经期间是否参加锻炼等。

2．询问运动史

询问平时是否爱好体育锻炼，锻炼的项目、年限、运动等级和成绩及运动量大小。询问运动时的身体反应，是否有运动性伤病，并记录受伤的原因、部位、治疗措施、治疗经过、治疗效果、目前有无后遗症等。

还应询问近期及前一天的运动情况，如运动量的大小、运动后身体反应等。因为近期及前一日的运动往往影响体检结果。

通过询问一般史和运动史可对被测学生的健康及体质情况作初步了解，并且可为下一步检查，如临床健康检查、人体测量、机能检查等提示重点。

（二）人体姿势检查

人体姿势是由身体各个部分相互间的位置决定的，它反映各种组织结构间的力学关系。所以，人体姿势是评价生长发育水平的一项重要内容。对于身体发育有缺陷或姿势不良的学生来说，姿势测量的结果有助于制订具有矫正作用的锻炼方案。例如，可以通过加强某些肌肉群的力量或发展某些关节、韧带、肌肉群的柔韧性来改善身体姿势。

姿势检查着重检查直立姿势，身体各局部的形态是影响完整姿势的重要方面。姿势检查包括脊柱、胸廓形状及腿和足的形状检查。

1．直立姿势检查

直立姿势检查是人体姿势检查的基础。被测者需穿着简便，立正站立，以便检查者观察其头部是否正直，左右肢体的长短、粗细和形状是否对称。标准的直立姿势应该是从背面看，头颈、脊柱和两足跟形成一条垂直线；从侧面看，头顶、耳屏前、肩峰、股骨大转子、腓骨小头和外踝尖也应在同一垂直线上，同时脊柱应呈现正常的生理弯曲。

2．脊柱形状检查

脊柱作为身体的支柱，其形状的正常与否直接关系到整体姿势的健康。脊柱形状检查主要包括前后弯曲度和侧弯的检查。

前后弯曲度检查：通过脊柱测量计来量化脊柱的前后弯曲程度。正常颈弯和腰弯的深度分别在 3 ～ 4 厘米和 2 ～ 2.5 厘米范围内。根据测量结果，可以判断背的形状，如正常背、驼背、平背或鞍背等。

侧弯检查：采用重锤法或捋压法来检测脊柱是否存在侧弯情况。侧弯的方向和程度是评估的重点，同时还需要确定侧弯的性质，即是否为习惯性侧弯或固定性侧弯。

3．腿的形状检查

腿的形状检查主要关注两腿并拢站立时的形态。通过测量两膝之间或两足跟之间的距离，可以判断腿型是否正常，是否存在 O 型腿或 X 型腿等异常情况。

4．足的形状检查

足作为身体的支撑点，其形状的健康对于整体姿势的稳定至关重要。足的形状检查主要通过印迹法来进行。通过测量和分析足印，可以评估足弓的形态，从而判断是正常足、扁平足还是弓形足等。扁平足的存在会显著降低下肢的支撑能力，进而影响身体和脊柱的姿势。

总之，人体姿势检查是一项全面而细致的工作。它不仅关注身体各部分的形态和位置关系，还深入探究这些形态背后的生理学和病理学意义。通过姿势检查，我们可以更准确地了解个体的生长发育水平和健康状况，为制定个性化的矫正方案提供科学依据。同时，姿势检查也是预防和发现身体姿势问题的重要途径，对于维护人们的身体健康和生活质量具有不可替代的价值。

（三）人体形态测量

人体形态测量是对人体外部形态，包括体重、长度、宽度、厚度及围度的各种测量。人体形态测量不仅是反映生长发育状况和体质水平的重要方面，而且对学生选材也有重要意义。

1．人体形态测量的注意事项

人体形态测量要符合科学性的原则。严格遵循测量学的三属性，即可靠性、有效性和客观性。因此，测量者必须具有严肃的科学态度，严密的测量设计，尤其在对大群体进行测量时需要随时抽样重复验证测量的准确程度。

测量仪器的型号规格、测量的方法与要求应当统一化和标准化。力求减少因为测量条件不同而可能造成的误差。

测量之前应仔细校正仪器。每测 100 人左右重新校正一次。

测量之前应向被测者说明测量的内容和意义。要求被测者男生只穿短裤，女生可穿背心和短裤。

2．体重

体重是指身体的净重。儿童、少年时期体重随年龄而增加。相同年龄男性的体重高于女性。体重可以反映身体的营养状况，若结合皮脂厚度分析，还能反映肌肉的发育程度，反映人体营养和肌肉情况。体重在一天之内会有变化，所以测量体重的时间最好一致。

（1）测量仪器

杠杆秤、弹簧秤或电子秤。使用前要用标准砝码校准，误差不得超过 0.1%，即每 100 千克误差应小于 0.1 千克。

（2）测量方法

将体重计放在平坦地面，调整 0 点，令被测者只着贴身短裤（女生可加乳罩）轻轻站在秤台中央，测量者读数并记录，测量误差不得超过 0.1 千克。

（3）注意事项

被测者上下秤台时的动作要轻，称重时应站在秤台的中央。

3．身高

身高是指站立时头顶到地面的垂直距离，它是反映骨骼生长发育情况的重要指标。身高在一天内会有 1 ～ 3 厘米的变化，清晨起床后的身高最高，傍晚时最低。

（1）测量仪器

身高坐高计。使用前应用钢尺校正测量刻度，误差不得超过 0.2%。检查身高计的立柱是否垂直，有无晃动，水平压板是否水平。

（2）测量方法

被测者赤足，足跟并拢，足尖分开成 60° 角，以立正姿势背靠立柱站在身高计的底板上。上肢自然下垂，躯干自然挺直，足跟、臀部及两肩胛间与立柱保持接触。头部摆正，但不必紧靠立柱。两眼平视前方，保持耳屏上缘与眼眶下缘处于同一水平线。

测量者站在被测者侧方，用手将水平压板轻轻下滑，直至接触被测者头顶为止。测量者平视水平压板读数，测试误差不得超过 0.5 厘米。

（3）注意事项

读数时，两眼视线要与被测者的身高保持在同一水平，否则读数不准；水平压板与头顶接触的松紧应当适度，头发蓬松者要压实。

4．坐高

坐高是指人在坐位时，头顶至坐凳面的垂直距离。坐高是反映躯干长短的指标。坐高和身高的比例关系可用来评价体型。

（1）测量仪器

身高坐高计。使用前应校正测量刻度，误差不得超过 0.2%，检查坐板是否水平、高度（成人用 40 厘米，儿童用 25 厘米的高度，以便使大腿呈水平位置）是否调节、前后宽度是否合适。

（2）测量方法

被测者端坐在身高坐高计的座板上。骶部、两肩胛间及头部的位置、姿势要求等与测量身高相同。两腿并拢，大腿与地面平行。上肢自然下垂，不得支撑于座板上，双足平踏于底座（可用脚踏板调节高度）。

测量者将水平压板轻轻下压，测量者平视水平压板读数。测量误差不得超过 0.5 厘米。

（3）注意事项

被测者常会因为骶部未靠紧立柱而使测量不准。所以，应先令被测者弯腰，使骶部紧靠立柱下滑，直至坐下为止。

5．胸围和呼吸差

胸围指胸廓的围度，它反映胸廓及胸背部肌肉的发育状况，还间接地反映肺容量。

最大吸气和最大呼气时的胸围之差称为呼吸差，它在一定程度上反映呼吸器官的发育情况、呼吸肌肌力、胸廓活动范围以及肺组织的弹性。

胸围受后天因素影响比较明显。经常从事体育锻炼的人，胸围差比一般人大 5% 以上。一般人的呼吸差只有 6 ～ 8 厘米，经常锻炼者可达 8 ～ 10 厘米，甚至超过 12 厘米。

平静时的胸围在呼吸的呼气末测量，深吸气末和深呼气末各测胸围一次计算呼吸差。测试误差不得超过 1 厘米。

（1）测量仪器

带尺。使用前应用标准钢尺校正，每米误差不得超过 0.2 厘米。

（2）测试方法

被测者裸露上体，自然站立。双肩放松，两臂自然下垂，平静呼吸。测量者最好为两人，一人手持带尺，面对被测者，并将带尺环绕胸部一周。在背部，带尺的上缘放置于肩胛骨下角下缘，在胸前，带尺的下缘放置于乳头上缘（对于乳腺已发育的女性，带尺应放置于乳头上方与第四胸肋关节保持水平）。另一人站立在被测者身后，协助将带尺扶正，防止滑脱，并要及时提醒和纠正被测者耸肩、低头、挺胸、抬臂、驼背等不正确姿势。

（3）注意事项

当深吸气和深呼气测量时，注意防止带尺移动或滑落；带尺松紧要适宜，轻贴于皮肤即可；肩胛骨下角不明显者，可令其挺胸显露肩胛骨下角，待摸清位置后，仍然要求恢复测试的姿势进行测量。

6．肩宽和骨盆宽

肩宽是指两侧肩峰顶之间的距离，它反映身体横向发育的情况。肩的宽窄对肩带肌肌力的发挥有一定影响。

骨盆宽是指两侧髂崎最宽处之间的距离，它反映骨盆的发育情况。

肩宽和骨盆宽两者的比例关系决定了肩窄臀宽或肩宽臀窄体型。

（1）测量仪器

测径规。使用前应检查零点，误差不得大于 0.1 厘米。

（2）测量方法

被测者两肩放松自然站立，测量者立于其背后进行测量。

测量肩宽：用食指沿被测者两侧肩胛骨向外上方触摸，直至摸清两侧肩峰尖，再进行测量。

测量骨盆宽：用食指沿被测者两侧髂嵴触摸至髂嵴最宽处的外缘，再进行测量。测量误差不得超过 0.5 厘米。

7．四肢长度

四肢长度包括上、下肢长度及各肢节长度。四肢长度在健康和体质评定中较为重要。

（1）测量仪器

带游标的直钢板尺。使用前校正刻度，每米误差不得超过 0.2 厘米。

（2）测量方法

上肢长：被测者自然站立，右臂伸直下垂，手与前臂成一直线。测量肩峰至中指尖的距离。

下肢长：被测者自然站立。测量髂前上棘至地面的垂直距离或者测量股骨大转子尖端至地面的垂直距离。由于前者所测的值较下肢实际长度大，而后者则较实际长度小，所以目前常常以身高减坐高来代表下肢长度。

足长：被测者站立，将一只脚踩在凳面上，用直钢板尺测量足跟至最长足趾趾端的距离。也可用专门的足长足高计测量。

因下肢长度一般都小于坐高，故坐高与下肢长度之差越小，表明下肢越长。一般认为，长腿体型的儿童、少年，身高增长的潜力较大。

8．跟腱长

跟腱长是指腓肠肌内侧肌腹下缘至跟骨结节的距离。

（1）测量仪器

小直钢板尺。

（2）测量方法

被测者自然站立，然后尽量提踵。此时腓肠肌肌腹与跟腱的交界清晰。用笔在内侧头肌腹的最下缘做标记后再恢复自然站立。测量该标记至跟骨结节最突出点的距离。

9．四肢围度

四肢围度包括上臂围、前臂围、大腿围、小腿围及关节的围度等。四肢围度反映四肢肌肉发育情况。由于皮下脂肪会影响围度，所以对围度进行分析时应当考虑皮脂厚度。

（1）测量仪器

尼龙带尺。使用前用钢尺校对，每米误差不得超过 0.2 厘米。

（2）测量方法

上臂紧张围和放松围：被测者自然站立，右臂向前右侧（与身体矢状面约呈 45° 角）平举，掌心向上握拳，用力屈肘。检查看将带尺放在肱二头肌隆起最高处绕臂一周，测量上臂紧张围。之后，带尺位置保持不变的情况下令被测者慢慢将前臂伸直，手指放松，测量上臂放松围。

前臂围：被测者自然站立，上肢自然下垂，带尺水平绕前臂最粗处测量。

大腿围：被测者两腿分开与肩同宽，平均支撑体重。测试人员站在被测者的侧面，将带尺环绕大腿根部，后面将带尺上缘放在臀纹处（即臀与腿之间的凹陷处）。前面放在与后面同高处，带尺呈水平位读数，单位为厘米。

小腿围：被测者姿势同上，带尺水平绕小腿最粗处测量。

（3）注意事项

测量时，带尺必须呈水平位，松紧要适度；受试者体位要符合测试方法的要求；四肢围度测量误差不得超过 0.5 厘米。

10．腰围和臀围

（1）腰围

测量意义：腰围是间接反映人体脂肪状态的简易指标。男性腰围超过 85 厘米，女性腰围超过 80 厘米，表明腰围较大。成年人肥胖多属向心性肥胖，腰围常超过此标准。腰围的大小可以反映出人的体型特点，对人的健康有着重要意义。

使用仪器：尼龙带尺。

测试方法：被测者两腿靠近自然站立，两肩放松，双手交叉抱于胸前。测试人员面对被测者将带尺经脐上 0.5 ～ 1 厘米处（肥胖者可选在腰部最粗处），水平绕一周，测量其围度，单位为厘米。

注意事项：带尺的松紧度应适宜。

（2）臀围

测量意义：臀围的大小不仅可以反映出人的体型特点，保持臀围和腰围的适当比例关系，能反映人的健康情况。

腰臀比，即腰围和臀围之比，正常男子应小于 0.95，女子小于 0.85，如超过即为向心性肥胖。向心性肥胖的危害远大于离心性肥胖。主要因为腹壁脂肪堆积，可增高腹压，使膈肌上移，妨碍呼吸和使心脏处于横位。

使用仪器：尼龙带尺。

测量方法：被测者两腿靠近自然站立，两肩放松，双手交叉抱于胸前。被测人员面对被测者沿臀大肌最粗处将带尺水平位经背部绕至前方读数，记录员应在被测者背面观察带尺位置是否正确，单位为厘米。

11．皮褶厚度测量

皮褶厚度，即皮下脂肪的厚度，是人体体质评估中不可忽视的一部分。它不仅关系到外貌美观，更是健康状况的一个重要指标。合理的皮下脂肪分布能够保护内脏器官、调节体温，并作为能量储备。然而，过厚或过薄的皮下脂肪都可能带来健康隐患。

（1）测量仪器与准备

进行皮褶厚度测量时，必须使用专用的皮褶卡钳。这种卡钳设计精密，能够确保测量的准确性和可重复性。在测量前，应对卡钳进行校验，确保指针归零，并检查卡钳头与皮肤的接触面积以及测量时的压强，以符合标准要求。

（2）测量方法详解

被测者应穿着轻便的背心短裤，自然站立以放松身体。测量者则右手持卡钳，左手轻轻捏起测量部位的皮肤，注意避免将肌肉组织包含在内。随后，用卡钳夹住皮褶，确保钳头靠近捏皮褶的手指，并保持约 1 厘米的距离。读数稳定后，松开左手手指，记录测量结果。

（3）关键测量部位

为了全面了解身体脂肪分布情况，通常需要选择多个部位进行测量。常见的测量部位包括上臂部、肩胛下部、胸部、腹部、髋部、大腿部以及小腿部。这些部位的选择能够全面反映身体不同区域的脂肪积累情况。

12．关节活动度的测量

关节活动度（ROM）是衡量关节运动功能正常与否的关键指标。通过关节活动度的测量，我们可以了解关节的灵活性和运动范围，从而评估运动器官的健康状况。

（1）测量工具

在进行关节活动度测量时，主要使用的工具是量角器。这种量角器设计精巧，由固定臂和活动臂组成，能够以关节轴心为支点进行角度测量。量角器可采用金属或有机玻璃等材质制成，以确保测量的稳定性和准确性。

（2）测量原则与步骤

在进行关节活动度测量时，首先需要明确被检测关节的轴心位置、关节两端环节的纵轴线位置以及关节的中立位（即 0 点）。随后，当关节产生位移时，根据关节活动的方向和幅度，使用量角器测定并记录 ROM 结果。

具体测量步骤：将量角器的中心对准关节轴心，固定臂对准近端环节的纵轴或其延长线，活动臂则对准远端环节的纵轴。以中立位为起点（0°），固定臂保持不动，活动臂随肢体移动以测量关节活动的角度。重复测量多次以提高准确性，并记录测量结果。

13．肌力测量

肌力测量是评估学生身体发育和运动能力的重要环节。通过肌力测量，我们可以了解学生的肌肉力量和耐力水平，从而为制定个性化的运动训练计划提供依据。

（1）常用测力方法

在肌力测量中，有多种方法可供选择。常见的方法包括使用肌力计进行握力、背力等测量，以及通过特定动作（如立定跳远、引体向上等）来评定肌肉的力量和耐力。这些方法简单易行，且能够较为准确地反映被测者的肌肉功能状态。例如，在进行握力测量时，被测者需转动握力计的握距调节钮以调节至适宜握距，然后用最大力量紧握上下两个捏柄。测量多次并取最大值作为结果记录。同样地，在进行背力测量时，被测者需保持膝伸直并缓慢用最大背伸力量上拉拉力计握柄。记录其维持时间或最大拉力值以评估背肌力量。

（2）测量注意事项

在进行肌力测量时，需要注意以下几点以确保测量的准确性和可靠性：首先，测试动作应固定不变，以便比较不同时间或不同个体之间的测量结果；其次，应关注肌肉收缩速度对力量的影响，因为肌肉在不同收缩速度下产生的力量是有所差异的；最后，重复测量多次并取平均值以减小误差并提高测量的可靠性。

14．各年龄段学生体格检查的重点

（1）青春前期（6 ～ 10 岁）

此年龄阶段的学生多半自发进行各项运动。这时必须排除任何先天性异常（身体发育、体表、肌肉骨骼系统、心血管系统等方面）的可能性。有学者强调在此年龄阶段，若各方面查体未见异常，并发现有运动天赋者，可开始启蒙的心理学教育，以唤起他们对运动的兴趣。

（2）青春期（11 ～ 15 岁）

此年龄阶段是学生身体和心理的快速增长期，也是性成熟的明显变化期。一般来说，心理发育慢于身体发育，所以需要予以关注。查体时要确定他们性成熟的水平，了解他们运动后的反应，做好人体测量的检查。在此年龄阶段进行心肺功能等测试（脉搏、血压、最大摄氧量、无氧阈测试等），其结果可作为学生从事体育训练选材时的重要参考资料。

（3）青春后期（16 ～ 18 岁）

这一年龄阶段的学生多为高中阶段，学习任务较重。对于运动能力较强的学生应尽量在此年龄阶段建立起系统的运动医学档案（定期查体结果、受伤及患病记录、治疗记录、运动成绩的变化等），以及各项补充的和特殊的检查档案。

15. 生长发育的评价

通过人体测量和机能检查可评定生长发育的程度。常用的评价方法是指数法。指数法是用数学公式来表示人体各部分有关指标之间的比例关系，以此作为评价身体发育的综合方法。较常用的指数有以下几种。

第一，体重指数（BMI）= 体重（kg）/ 身高 2（m²）。身体质量指数（Body Mass Index，BMI）是国际上常用的衡量人体肥胖程度和是否健康的重要标准。按中国标准，BMI 值大于等于 28 属于肥胖，在 24 ～ 27.9 之间属于超重，18.5 ～ 23.9 之间属于正常，低于 18.5 为体重不足。

第二，身高胸围指数 = 胸围（cm）/ 身高（cm）×100%。此公式指数表示胸围占身高的百分比。

第三，身高、体重、胸围指数 =［体重（kg）+ 胸围（cm）］/ 身高（cm）×100。此公式指数包含了身体的长、围、宽和密度，能较好地反映体格状况。

第四，肺活量体重指数 = 肺活量（mL）/ 体重（kg）。此公式指数的大小表示肺活量的相对大小。

第二、三、四指标评价是以相同年龄性别群体所测算的平均值或中位数为基础来划分等级进行个体评价，具体评价标准参见国民体质测定标准手册（学生部分）。

二、动作模式评估

（一）功能性动作筛查

功能性动作筛查（Functional Movement Systems，FMS）是格雷 · 库克（Gray

Cook）、李·伯顿（Lee Burton）等人在20世纪末提出并设计的一套测试理论，最终在1998年进行完善和补充后广泛推广应用在各个专项的美国运动员中，用来发现各种基础动作中出现的各种缺陷和障碍。

为了合理规避运动损伤，为学生制订全面科学的锻炼方案，在学生锻炼过程中进行FMS测试意义重大。中、小学生正处于发育阶段，日常生活和学习中由于长时间姿势不正常会造成很多发育异常（脊柱侧弯、骨盆倾斜等），这些姿势异常可能会导致功能的缺陷，不但限制其参加某些运动项目，还可能对身体健康产生不良影响。作为一种低成本、易操作、同时具有较高信度和效度的测试方法，FMS的出现填补了常规医学测试和运动能力测试之间对动作完成质量忽视的空缺，丰富了测试内容，使测试获取的信息更加多元。FMS反映的身体灵活性和稳定性是其他运动能力的基础，应纳入学生体能训练的内容。但是，由于灵活性和稳定性并不能代表其他运动能力，因此，FMS纠正性训练在特定时期内（如训练初期）可以成为训练的主体，不过在竞技能力发展的体系中，其不能成为训练的主体，或者替代其他运动能力的训练。

（二）FMS基本筛查动作

FMS是评价个体基本动作模式的一种测试方法，它由反映人体灵活性和稳定性的7个基本测试动作组成，包括深蹲、上跨步、直线弓箭步、肩部灵活性、直腿主动上抬、俯卧撑和旋转稳定性。其中，肩部灵活性、俯卧撑和旋转稳定性动作还各附带有一个疼痛排查动作。下面对7个测试动作进行具体说明。

1．深蹲

深蹲，作为FMS测试中的首个动作，不仅在日常生活中屡见不鲜，更是众多体育项目中的基础动作。通过深蹲的测试，我们能够有效地评估测试者下肢关节的灵活性与功能状态，特别是髋关节、膝关节和踝关节的双侧均衡性。此外，观察测试者在深蹲过程中上肢与躯干的协同运动，还能进一步揭示其肩关节和胸椎的灵活性与对称性。

测试时，测试者需两脚分开略宽于肩，双手握杆举过头顶，然后缓慢下蹲至最低点，再站起。在此过程中，测试者的脚跟需始终保持与地面的接触，且面部和胸部应朝向前方。根据测试者完成动作的质量，评分可分为3分到0分四个等级，其中3分代表动作完成得非常好，而0分则表示在测试过程中出现了疼痛。

2．上跨步

上跨步动作的设计，旨在模拟人体在上台阶或进行类似动作时的表现。这一动作不仅要求测试者具备良好的髋部与躯干协调性，还要展现出单腿站立的稳定性。通过上跨步的测试，我们可以有效地评估测试者髋关节、膝关节和踝关节在动态条件下的灵活性与稳定性。

在进行上跨步测试时，测试者需将双脚并拢，站在与栏架相对应的位置，然后将一只脚缓慢地跨过栏架，再返回起始姿势。评分同样根据动作完成的质量进行，其中特别关注测试者在跨步过程中髋、膝、踝三关节是否保持在一条直线上，以及腰部是否有明显的移动。

3．直线弓箭步

直线弓箭步动作是一种复合性较高的测试动作，它要求测试者在保持躯干稳定的同时，完成下肢的交剪姿势与扭转动作。这一动作不仅能够评估测试者躯干与下肢的灵活性与稳定性，还能进一步揭示其股四头肌的柔韧性和膝关节的稳定性。

测试时，测试者需将一只脚置于木板的一端，双手握杆置于背后，然后另一只脚在木板上跨出一步，降低后腿的膝盖直至接触木板。评分主要依据测试者在完成动作过程中躯干的稳定性、下肢的对齐情况，以及膝盖与木板的接触情况。

4．肩部灵活性

肩部灵活性测试是评估测试者肩关节主动活动范围内灵活性与活动范围的重要手段。通过这一测试，我们能够了解测试者肩关节在多个方向上的活动功能，以及肩胛骨与胸椎的灵活性。

在进行肩部灵活性测试时，测试者需双手握拳置于背后，尽力使两拳接近。评分则根据两拳之间最近的骨性突起距离进行，距离越短，得分越高。

5．直腿主动上抬

直腿主动上抬动作旨在评估测试者在保持躯干稳定的前提下，下肢的分开能力。通过这一测试，我们可以有效地了解测试者腘绳肌、腓肠肌、比目鱼肌的柔韧性，以及髋关节的灵活性与下腹部的稳定性。

测试时，测试者需平躺于地面，双手置于身体两侧，然后缓慢抬起一条腿至最高点。评分则依据测试杆与抬起腿的位置关系进行，位置越高，得分越高。

6．俯卧撑

俯卧撑动作作为一种常见的上肢闭合链运动，是评估测试者躯干稳定性与上肢力量的重要手段。通过俯卧撑的测试，我们能够了解测试者在完成对称性动作时躯干的稳定情况，以及力量在上肢与躯干之间的传递效率。

在进行俯卧撑测试时，测试者需保持肘部与躯干的特定角度，然后同时撑起整个身体。评分则主要依据测试者完成动作的质量与次数进行。

7．旋转稳定性

旋转稳定性测试是 FMS 中最为复杂的测试动作之一，它要求测试者在保持躯干稳定的同时，完成上下肢的对称动作。这一测试不仅能够评估测试者躯干的稳定性与神经肌肉的协调能力，还能进一步揭示其在完成复合动作时的表现情况。

测试时，测试者需四肢撑地保持特定姿势，然后抬起一侧的手和腿进行旋转动作。评分则依据测试者在完成动作过程中躯干的稳定性、抬起侧手与腿的对齐情况以及肘与膝的接触情况进行。

（三）基于 FMS 的康复原则

在筛查结果出来后，有以下几个基本康复原则：

第一，必须首先评估和处理。分动作筛查中产生疼痛，说明存在损伤问题，应该采取相关措施进行评估和治疗。

第二，必须优先考虑不对称，因为不对称往往会导致损伤的风险增加。

第三，先考虑灵活性问题，如主动直膝抬腿和肩关节灵活性，因为灵活性不足，将无法保证足够的稳定性，还会影响相邻关节进行代偿性运动，容易导致局部负荷过大，引起损伤。

第四，稳定性差的问题，例如，躯干旋转稳定性和俯卧撑差，在运动中，稳定性差的关节是薄弱环节，是运动损伤好发部位。

第五，功能模式的重新塑造，直线弓步蹲、跨栏步、过顶深蹲。

第六，目标并不是为了获得满分 21 分，而是为了排除所有的不对称性，并使所有测试的得分不低于 2 分。

第二节　常见运动损伤的预防手段与方法

运动损伤的预防可从技术上分为一级预防、二级预防和三级预防。

一级预防的重点是提高健康水平，防止损伤发生。

二级预防的重点是早期诊断、早期正确治疗，阻止功能丧失（即治疗）。

三级预防的重点是减少或纠正存在的功能障碍，防止潜在疾病的发生（即康复）。

运动中及时提供损伤预防的建议是非常有价值的。人体合理的运动生物力学结构是预防损伤的最主要因素。除此之外，其他有助于预防损伤的重要因素：准备活动；拉伸；合理安排训练；充分的恢复；心理；营养；运动保护器材；贴扎术；功能性训练。

一、准备活动

参加运动之前要做准备，不同种类的运动要有不同的准备活动。全面合理的准备活动必须由一般性和专项性两种类型组成。一般性的准备活动包括跳、慢跑、牵拉、抗阻力量练习法等。专项性特殊的准备活动应该包括即将从事的运动所涉及的人体运动。

准备活动时间应为 15 ～ 30 分钟。强度应依照项目而定。有些出汗但不感疲劳是主观测定强度的一个指标。准备活动的效果可持续 30 分钟，所以不应过早进行准备活动。

二、拉伸

拉伸法可分为静力性牵拉、冲击性牵拉及 PNF 牵拉三种类型。

（一）静力性牵拉

静力性牵拉练习是缓慢柔和的，持续时间为 30 ～ 60 秒，运动强度以感觉轻微疼痛，可耐受为度。小腿三头肌静力性牵拉法：站立位，脚趾置于支持台面上，脚跟悬空，重心逐渐下降使足跟低于脚趾平面进行柔和牵拉。可以采用直膝和屈膝两种方式进行牵拉，直膝位牵拉时，对腓肠肌刺激较为明显，有利于预防腓肠肌拉伤；屈膝位牵拉时，对比目鱼肌刺激更为明显，有利于预防跟腱撕裂。

（二）冲击性牵拉

冲击性牵拉法是利用冲击性动作牵拉肌肉韧带以提高柔韧性的一种方法。其缺点是由于冲击性动作，会引起神经肌肉的牵张反射，冲击力越大，牵张反射越强。通过部分抵消主动牵拉肌肉的力量，防止因为冲击力过大，肌肉、韧带被过度拉伸，导致拉伤，影响柔韧性锻炼效果。适当使用冲击性牵拉对于发展功能性动作有较大帮助，在体操、舞蹈、武术等训练中，经常会采用这种方法。

（三）PNF 牵拉

PNF（Proprioceptive Neuromuscular Facilitation）牵拉意为“本体感觉神经肌肉促进法”，是通过刺激本体感受器，从而促进神经肌肉系统功能反应的一种方法。PNF 牵拉操作方法：以腘绳肌牵拉法为例，被牵拉者仰卧，助手用一手握住其踝关节，一手固定膝，使膝伸直，髋关节屈曲到最大角度时持续 10 秒；然后被牵拉者尽全力做伸拉动作，助手给予阻力对抗，保持在该位置，做腘绳肌最大等长收缩，保持 6 秒；让被牵拉者放松肌肉，助手可将其下肢再次推到一个更大的角度，保持30秒。以上动作为一组，稍事休息后重复3～5组。

PNF牵拉可以更好地发展身体柔韧性，其不足之处是需有人辅助，操作者应熟练掌握拉伸时姿势、体位并控制好力度。

（四）牵拉的基本原则

牵拉的基本原则有四条：准备活动后做拉伸运动；运动前后拉伸肌肉；拉伸肌肉时要慢而柔和；肌肉拉伸到紧张但不感觉疼的位置（拉到疼时会引起肌纤维拉伤）。

三、合理安排训练

部分运动水平较高的学生可能会代表学校参加竞技比赛，而不恰当地安排训练是受伤的常见潜在因素，科学安排训练是预防损伤的基础，合理科学地安排训练也是预防损伤的基础。

在所有的运动项目中，不论是长期的训练还是短期的训练，周期性都是一个主要成分。一年的周期应分为准备期、赛前期、比赛期3个阶段。

准备期：应发展有氧及无氧能力、力量及爆发力。这一时期如果疲劳，比赛成绩可能很差。

赛前期：应从基本素质训练转向技术训练。

比赛期：主要是保持良好状态，在比赛中创造最好成绩。

四、充分的恢复

恢复手段对于预防损伤及提高成绩具有益处。不及时采用恢复手段既会影响技术动作，也会产生运动疲劳。学生运动员、教练员应及时观测训练计划及身体状态，学生应该养成每天写训练日记的习惯，详细记录训练情况、睡眠、休息日及晨脉，如有晨脉连续增加，特别伴有成绩下降、疲劳无力，则应减量或停训1～2天。

训练计划应包括恢复时间，应有休息日、放松日、紧张周、轻松周。

放松恢复的方法包括整理活动、温泉、按摩、营养补给、心理放松等。

五、心理

心理因素不仅控制着心血管系统、呼吸系统的功能，而且也会影响运动中和运动后的物质代谢，所以心理因素在恢复中发挥重要作用。

过度心理紧张，可以因肌肉紧张而影响技术动作，紧张的肌肉使主动肌和被动肌之间的协调失衡，加大损伤风险。

注意力不集中也是造成损伤的因素之一，注意力不集中可使学生的反应能力下降。

六、营养

营养不良可以增加损伤的危险性。蛋白质、脂肪的分解增加。蛋白质影响肌肉，导致软组织损伤。

蛋白质供应不足可导致肌肉损伤的机理有多种：营养不良是大强度训练中肌肉拉伤的原因之一；不能及时补充水分可以使血液的黏稠性增加而造成肌肉扭伤；缺水可以影响关节液分泌，进而影响关节软骨。

七、运动保护器材

正确选择和使用运动保护器材对防止多种损伤的发生有重要作用。这不仅在直接接触和对抗的运动中如此（如足球）；在非直接接触的运动中也是如此（如网球）运动保护器材的维护要求应有相应的标准，包括如何维持其良好的状态及何时停止使用。使用破坏、损坏、不合适的器材，会增加损伤的危险性。

任何时候保护器材的选择和购买在学生的健康防护安全中，都是主要的决定因素。

八、贴扎术

运动中必要的保护和帮助可避免意外事故的发生，还可以增强学生的信心。贴扎术对保护学生和治疗运动损伤具有非常重要的作用。常用的有弹力绷带和贴布保护支持带。

（一）弹力绷带

弹力绷带具有弹力可延伸的特点，这使它适用于任何部位。弹力绷带还具有“活动性”优点。学生使用时，可进行各种活动而无任何限制。在需要限制出血和水肿时可用弹力绷带来加压，同时还可以保护软组织。黏性弹力绷带可以提供均匀、持久的压力。

弹力绷带的宽度和长度可依被包扎部位而有所不同。应注意的是，包扎绷带应避免褶皱、接缝及一切可能刺激皮肤的因素。

运用弹力绷带进行包扎时，应由优势手拿绷带，将绷带一端置于伤处另一手按住，优势手逐渐松开绷带进行缠绕。缠绕时应注意用力均匀。环形缠绕时，还需注意绷带常常需要从一手交换至另一手。为取得最佳效果，缠绕时应用力均匀，缠绕固定，但不应过紧。过分或不均匀的压力均可能阻碍局部的正常血流。绷带包扎应注意以下事项。

第一，包扎局部应置于肌肉收缩和循环的最佳位置。

第二，用中等压力进行多圈数的包扎，要优于压力过大、圈数少的包扎。

第三，绷带的每一圈应盖住上一圈至少 1/2 的部分，以防运动时滑脱。

第四，包扎肢体时，应经常检查手指、脚趾看有无循环障碍。肢体出现异常的冰冷，指、趾青紫都是绷带压力过大的体征。

弹力绷带包扎一般都以环形包扎起始。如果可能最好从肢体远端如腕、踝关节开始，逐渐向上。包扎结束后，应用固定技术进行固定。

（二）运动贴布

运动贴布是一种有弹性的粘膏支持带，常用于运动防护中。

1．运动贴布的作用

（1）损伤预防

贴布可限制关节的活动范围，保持关节的稳定性，防止韧带受伤或其他组织的松弛并给薄弱、松弛的关节、韧带以外力的支持，防止损伤。

（2）损伤后保护

贴布可限制肌肉、肌腱超常范围的活动，避免已伤组织再伤，有利于修复。

2．运动贴布的使用

（1）贴扎前的准备

直接在皮肤表面使用运动贴布时应进行一些处理。运动中的汗液和沾染的尘土会使贴布不能很好地黏附于皮肤上。因此使用贴布时，应先用肥皂和水将皮肤表面的尘土和油脂除去。同时可将毛发刮除，以防去除贴布时引起额外刺激。

将运动贴布直接黏附于体表可提供最大的支持力。但是，长时间使用运动贴布会刺激皮肤。为避免这个问题，很多人使用时在皮肤上加上保护垫。常用的中等弹性物质有聚酯和聚氨酯泡沫塑料，它们都有多孔、极轻、极薄、具有弹性和能够紧密贴合于被包扎部位的特点。运动贴布下保护垫的使用不应超过一层。

（2）贴扎方法

合适的运动贴布宽度取决于被覆盖部位的面积。角度越小，运动贴布就应该越窄，以贴合被覆盖部位的轮廓。手指和脚趾通常使用 1.25 厘米或 2.5 厘米的贴布；踝关节使用 3.75 厘米的运动贴布；而皮肤面积较大处，如大腿和后背，使用 5 ～ 7.5 厘米的贴布。

应注意正确地使用支持贴布，否则将加重已有损伤或干扰机体的正常活动，引起损伤。

（3）注意事项

第一，如贴扎部位是关节，需将其固定在功能位。如果是肌肉组织，需松紧合适，使肌肉可正常活动。

第二，避免连续缠绕。围绕同一部位用贴布反复缠绕可能导致压迫。因此，建议一次只绕一圈，每一圈覆盖上一圈的二分之一圈。

第三，运动贴布贴于皮肤上后，应迅速将其抚平，勿出现褶皱。

第四，在需要最大支持力的部位，运动贴布应直接黏附于皮肤上。对于敏感皮肤，可使用皮肤膜。

第五，皮肤处于治疗引起的极热或极冷的状况下，以及有皮肤病或炎症者，禁止使用贴布。

（三）不同部位的贴扎

1．手及腕部

并指贴布固定：用于新鲜或陈旧的指间关节扭伤和侧副韧带断裂。将伤指与健指固定在一起，中间可垫少许棉花，以健指为支撑。注意两条贴布的位置不应妨碍各关节活动。

拇指“8”字形贴扎：用于拇指关节扭伤。支持带的缠绕方向应因韧带伤部的不同而不同，有的在掌侧，有的在背侧。

2．膝关节保护支持带

膝关节韧带损伤的支持带：伤者膝关节微屈，用宽约 4 厘米的贴布粘贴。膝关节前十字韧带损伤的支持带，要将两端纵向切开使成 X 形，将其交叉置于腘窝部，4 个头向前交叉拉紧，分别固定于大腿的下端及小腿的上端。最后以弹力绷带裹缚。

3．踝关节保护支持带

踝关节保护支持带用于创伤性关节炎（足球踝）、腱鞘炎及韧带损伤。

侧副韧带损伤保护支持带：踝关节固定于微外翻位，在前足和踝上方先环形贴扎做锚点采用编篮式贴扎，固定踝关节最外层可用“8”字形包扎法结束。

足球踝保护支持带：在侧副韧带损伤保护支持带包扎方法基础上再采用“8”字形包扎法加上锁跟包扎，有利于防止并限制踝的异常屈伸与内外翻活动。

此外，还有许多部位的支持带这里不再详述，可根据具体情况使用。

九、功能性训练

功能性训练来源于理疗和康复领域。理疗师在患者手术后，通过设计一些模仿患者在家中或工作中的练习，来对患者进行锻炼，以促进其尽快回到正常生活和工作岗位中去。现在，功能性训练的发展和演变，正从康复中心和健身房，逐渐向体育领域渗透。

（一）功能性训练的概念

功能性训练首先应用于康复领域，经过不断的发展后逐步演变为体育领域重要的训练方法。它是一种有目的训练，可以提高运动表现和改善日常生活质量，它在训练中不会孤立某一块肌肉，而是提高所有肌肉协调配合与控制的训练方法。同时，通过针对性的功能性练习动作可以避免和减少运动损伤。

（二）功能性训练的原则

1．注重动作性原则

功能性训练着重强调的是人体做动作的过程中必须遵循正确的动作模式，保证动作达到一定的标准，这样才会使训练过程更加经济有效。也就是在训练过程中，更加强调动作的规范性和合理性。

2．专项训练动作原则

功能性训练方法遵循的是专项动作训练原则，它将功能性力量运用到运动技巧的练习中，而不仅是在训练中安排单一技能动作的练习。在练习羽毛球或网球的正手击球技能时，可以通过左右手依次对墙抛球的练习来增强运动员的核心稳定性以及手臂力量，同时身体由下往上的动力链作用也得以发展。这种训练思路和方法同样适用于链球、标枪最后用力能力的提高中。

3．系统化训练原则

功能性训练流程是首先对被测者进行功能动作筛查（FMS）；再依据测试所得分数进行分析，主要目的是筛查运动员是否存在某些方面的损伤，或者找出训练者某些环节存在的缺陷，依据评估结果对运动员进行矫正训练；如果没有或者不存在身体薄弱环节，就要针对被测者的基本情况进行个性化的功能性训练方案设计，这是被测者在进行功能性训练之前必须进行的步骤，保证了训练方案的科学性和针对性。

4．强调稳定性原则

稳定性在运动中是指通过较大的力量做支撑以保证其在完成动作时保持身体姿态稳定，做动作干净、利落，避免多余动作的出现，使之保持在某一个特定的位置上，以完成高质量的动作。功能性训练的重点是通过动力链传递力量使动作保持正确的轨迹，这一切都归功于身体稳定性的建立。在不稳定的条件下进行训练是功能性训练的特点之一，利用一些器械如悬吊、瑞士球等方式进行训练，即使人体深层小肌肉群得到有效刺激，也能够促进人体脊柱、髋关节等部位的稳定性，还可以加强身体核心区域稳定能力。这大大加强了力量的传递效率，有利于提高运动水平。

功能性训练是一种系统性练习，它的主要特点：注重身体整体性练习，不强调单一方面而是注重多平面的训练；它认为优化肌肉功能最重要，重视身体姿势的控制，强调肌肉整体的平衡性，注重人体神经控制的训练。功能性训练的最终目标是提高机体整体性训练效果，练习与运动项目专项所需的身体素质有关联的动作。功能性训练就是通过全面的训练，从整体上提高身体运动系统的工作机能，以达到更好发挥竞技水平的训练方法体系。

（三）核心区稳定性训练

核心力量训练是功能性训练的重要组成部分，传统训练是功能性训练的基础，专项化的素质是功能性训练的根本目的。

核心区由骨盆和脊柱及周围组织构成。核心区是完成各种动作的核心环节，是机体动力链的中枢。所有的肢体运动都是以核心区为轴心进行的。近期国外大量文献报道，核心区的稳定性或核心力量与运动技术、完成动作的质量、腰痛，以及下肢的损伤高度相关。

1．核心区的主要结构

核心区由骨盆、脊柱及周围的肌肉构成。

竖脊肌为脊柱后方的长肌，下起骶骨背面，上达枕骨后方，填于棘突与肋角之间的沟内。它以总腱起自骶骨背面、腰椎棘突、髂嵴后部和胸腰筋膜向上分为 3 部分：外侧为髂肋肌，止于肋角；中间为最长肌，止于横突及其附近肋骨；内侧为棘肌，止于棘突。

髂腰肌位于腰椎两侧及髂窝内，由腰大肌和髂肌构成。腰大肌起自第 12 胸椎和 1 ～ 5 腰椎体侧面及横突，髂肌起自髂窝，两肌合并后经腹股沟深面止于股骨小转子。悬垂举腿和仰卧起坐是很好的训练方法。

腹肌位于胸廓下缘和骨盆之间，包括腹部前壁的腹直肌、腹外斜肌、腹内斜肌、腹横肌和腹部后壁的腰方肌。腹直肌位于腹部正中线两侧，起于耻骨上缘，止于 5 ～ 7 软肋和剑突。上固定时，骨盆后倾；下固定时，脊柱前屈或单侧收缩使脊柱向同侧屈。

腹外斜肌、腹内斜肌连接于下位肋骨和骨盆之间，同时收缩可以使骨盆后倾或脊柱前屈，单侧收缩使脊柱向同侧屈。腹横肌位于腹内斜肌的深面，主要功能是维持腹压。

腰方肌位于腹腔后壁脊柱两侧，连接 2 ～ 5 腰椎横突与 12 肋骨、12 胸椎体及 1 ～ 4 腰椎横突之间，单侧收缩使脊柱向同侧屈，两侧同时收缩，12 肋下降，协助呼气，并参与维持腹压。

2．核心区稳定性训练的途径

核心区稳定性训练主要通过以下途径实现：

（1）核心肌群的力量训练

核心区，以骨盆和脊柱为中心，是身体力量传递和动作完成的重要区域。比如，在尝试举起重物时，如果我们能预先收紧臀部和腰部的肌肉群，就会感觉更加轻松。这表明，一个稳定的核心基础能够让身体释放出更大的力量，并承受更大的负荷。在体疗领域，针对腰痛患者的腰椎和骨盆稳定性治疗，就是教导他们如何在日常生活中保持脊椎不痛。类似地，在运动领域，核心训练的目的是通过提高腰椎和骨盆的稳定性，从而提升运动表现。

以网球为例，一个稳定的旋转基础，即稳固的核心，对于完成一个出色的正手挥拍至关重要。在挥拍时，核心和下半身的平稳重心转移是产生力量的关键。因此，任何影响核心稳定性的因素，如腹部斜肌无力或髋关节外旋肌的柔韧性不足，都需要得到调整和优化。

（2）核心区运动感觉及本体感受功能训练

人体本体感受能力训练（肌梭、腱梭），肌肉张力的自主调节和控制能力训练，主要通过一些平衡球、平衡板，以及特殊仪器设备训练来完成。训练可帮助在运动中迅速调节关节周围肌肉紧张度，使其动作更加协调，更快地从易受伤体位调整过来，从而避免损伤的发生。此训练既是伤后康复训练的重要内容，也是预防损伤发生的有效手段。

十、常见运动损伤的早期处理原则

1978 年，加布·米尔金（Gabe Mirkin）医生在所著的《运动医学》中，首次提出了急性损伤的处理策略 RICE 原则，即由 R（rest，休息）、I（ice，冰敷）、C（compression，加压包扎）、E（elevation，抬高患肢）四大部分组成。多年来，RICE 原则已成为急性闭合性软组织早期处理的经典方式。

运动医学界对于急性运动损伤的处置原则经历了以下几个阶段的变化：

RICE 原则（如上所述）：卡明斯基（Kaminski）认为冰敷、压迫、抬高患肢在踝关节扭伤治疗中仍有一定作用，但是冰敷可能并没有想象当中那么有效。而压迫和抬高患肢通过减少组织液渗出和下肢血流灌注，理论上可以减轻患肢水肿，患肢肿胀可延缓组织愈合。

PRICE 原则：P（Protection，保护），R（Rest，休息），I（Ice，冰敷），C（Compression，加压包扎），E（Elevation，抬高患肢）。该原则是在 RICE 原则上增加了保护，相对于休息，保护可以为积极地处理损伤和进一步治疗创造条件。

POLICE 原则：P（Protection，保护），OL（Optimal loading，最佳负荷），I（Ice，冰敷），C（Compression，加压包扎），E（Elevation，抬高患肢）。POLICE 原则带来全新的康复理念，将 PRICE 原则中的 R（休息）换成了 OL（最佳负荷）。因为有大量研究发现，单纯的休息或静养，一方面导致伤者体能明显下降；另一方面由于缺少运动刺激，伤部血液循环减少，新陈代谢减慢，致痛物质难以排出，修复能力下降，甚至可引起肌肉萎缩。单纯休息对损伤恢复、功能重建都会带来明显的负面作用。而用合理的负荷刺激来代替休息是一种很好的解决方案，功能性康复有较好的力学疗法理论支持，力学负荷能提高全面的反应以促进组织结构的改变。该理念的提出，是现代康复理念的一种更新。可以这么说，“伤筋动骨一百天”不等于“一百天不动”。运动损伤康复训练的难点是找到在组织修复的过程中施加负荷和不施加负荷之间的平衡点。

如果损伤后机械刺激过大，可能导致重新出血或者进一步的损伤。损伤早期需要保护脆弱的受伤组织，仍然是一个重要的原则。但是，过多地强调这一点可能会在急性处理时放弃负荷的刺激。最佳负荷意味着用一种平衡的、递增的康复方案来取代休息，这种康复越早进行效果越好。制订平衡、递增负荷的康复训练计划，并根据患者完成情况及时调整，采用进阶或退阶的运动康复锻炼方式来进行康复训练。有研究证实，通过平衡锻炼可以改善患者的本体感觉，减少后期患者再次出现损伤的概率。

POLICEMM 原则：P（Protection，保护），OL（Optimal Loading，最佳负荷），I（Ice，冰敷），C（Compression，加压包扎），E（Elevation，抬高患肢），M（Modalities，理疗），M（Medications，药物治疗）。该原则是在前面基础上增加了医疗建议，卡明斯基等人推荐，在伤后 48 小时内不使用 NSAIDs 类药物（非甾体类消炎镇痛药物），因为这类药物可能在损伤早期抑制炎症反应的发生，从而对后期损伤组织愈合产生不利影响。

第七章　现代体育运动安全防护规程与法律保障

第一节　现代体育运动安全防护规程

体育运动安全防护规程是规避运动伤害风险的关键，合理高效的防护过程能够迅速解决安全事故。

一、现代体育运动安全防护的原则

（一）预防为主，防范先行

现代体育运动安全防护的首要原则是预防为主。这意味着在进行体育运动之前，必须对各项运动项目和场地设施进行全面的风险评估。通过科学的风险评估体系，识别出潜在的安全隐患，并制定相应的预防措施。同时，建立完善的应急预案，确保在突发伤害事故发生时，能够迅速、有效地进行应对，最大限度地减少伤害。

（二）教育为本，意识先行

安全教育在现代体育运动安全管理中占据核心地位。社会应将安全教育贯穿于体育运动的始终，通过宣传、实践活动等多种形式，向人们传授运动安全知识和防护技能。这不仅有助于人们形成自我保护的意识，还能提高人们在面对突发情况时的自救能力。

（三）适度管理，平衡发展

在进行体育运动安全管理时，应坚持适度原则。虽然防止运动风险至关重要，但是过度限制或禁止某些具有风险性的体育活动并非明智之举。社会应宣传科学运动的观念，培养人们的理性安全管理理念，让人们在参与体育运动的过程中学会如何平衡风险与收益。

（四）特殊保护，关爱未成年

未成年人是体育运动中的特殊群体，他们由于缺乏足够的自我保护能力而更容易受到伤害。因此，现代体育运动安全管理原则强调对未成年人的特殊保护。这包括提高安全设施的配置标准、加强场地器材的维护保养，以及提供及时的医疗救治等。

（五）全员参与，全方位管理

现代体育运动安全管理还倡导全员参与和全方位管理的原则。同时，对体育活动的全过程进行细致入微的监控和管理，从源头上预防安全问题的发生。通过加强细节管理、提升服务水平，确保体育运动的安全与顺利进行。

二、现代体育运动安全防护范围

在现代社会，体育运动的安全防护至关重要，它涵盖了多个关键领域，以确保参与者的安全与健康。

（一）体育教学安全防护

体育教学安全防护涉及体育教师和相关人员在课前、课中和课后的各个阶段，如何在保证参与者安全的前提下顺利完成教学任务。这不仅要求教师具备专业的教学技能，还需他们拥有应对意外伤害、疾病、情绪失控等紧急突发事件的能力，确保教学活动在安全、有序的环境中进行。

（二）体育活动与竞赛的安全防护

无论是常规的体育活动还是大型的体育竞赛，都需要精心的策划和周密的安排。这包括活动或竞赛的计划拟定、项目选择、日期和地点的确定，以及过程中的安全维护。特别是安全措施、医疗保障和人员管理等方面，都需要细致入微的考虑和安排，以确保活动的顺利进行和参与者的安全。

（三）体育设施的安全检查

体育设施是开展体育活动和日常锻炼的重要基础，其设计、安装、使用、维护和保养等都与使用者的安全息息相关。特别是大型运动场馆，作为各类体育活动和集会的重要场所，其安全检查和管理工作更是不能有丝毫的疏忽和大意。

（四）安全事件的处理流程管理

一旦发生体育运动伤害事故，如何及时、有效地处理是考验安全管理水平的重要时刻。这需要有完善的事故处理机制和专门的调查小组，能够迅速应对，及时公布调查进展，提出解决方案，并做好后续的纠纷调解和舆情应对工作。

三、现代体育运动安全防护过程探究

（一）预防管理

预防管理是体育运动安全防护的基石，其核心在于通过前瞻性措施，消除潜在的安全隐患。

首先，建立专业的运动安全管理团队至关重要。这个团队应由经验丰富的体育专家、医疗救护人员和安全管理人员组成，他们共同负责监测运动环境，识别潜在风险，并制定相应的预防措施。

其次，制订全面的运动安全管理计划是预防管理的关键。该计划应明确运动项目的安全标准、应急处理程序，以及参与者的安全教育和培训要求。通过实施这些计划，可以确保参与者在运动前了解并遵循相关的安全规定。

最后，预警系统的建立也是预防管理的重要环节。借助现代科技手段，如智能传感器和数据分析技术，可以实时监测运动过程中的异常情况，并及时发出预警信号，从而提醒管理人员和参与者采取必要的防护措施。

（二）应急管理

尽管预防管理能够降低运动风险，但突发事件仍有可能发生。因此，应急管理在体育运动安全防护中占据着举足轻重的地位。

在应急管理过程中，危害评估是首要任务。一旦发生突发事件，管理团队应迅速对现场进行评估，确定事件的性质、规模和潜在影响。这有助于制定针对性的应急响应方案，最大限度地减少人员伤亡和财产损失。

紧接着，启动应急预案是至关重要的。根据事先制定的应急预案，管理团队应迅速组织救援力量，对受伤人员进行救治，并妥善安置其他参与者。同时，与相关部门和机构保持紧密沟通，协调各方资源，共同应对突发事件。

在应急响应过程中，信息的及时传递和公开透明至关重要。管理团队应确保所有相关人员都了解当前的情况和应对措施，避免恐慌和混乱的发生。此外，与受伤人员及其家属的沟通也是必不可少的环节，以提供必要的支持和慰问。

（三）安全恢复

当突发事件得到妥善处理后，安全恢复工作便提上日程。这一阶段的目标是恢复正常的体育运动秩序，并总结经验教训，以防类似事件再次发生。

首先，对安全事故进行全面评估是必不可少的。评估过程中应详细分析事故的原因、过程和结果，找出潜在的安全隐患和管理漏洞。这有助于为后续的改进措施提供有力的依据。

其次，对受损的体育设施进行修复和更新也是安全恢复的重要环节。必须确保所有设施都符合安全标准，从而为参与者提供一个安全、舒适的运动环境。

最后，总结经验教训并持续改进是安全恢复的终极目标。通过反思事故处理过程中的得失，可以不断完善安全管理流程和措施，提升团队的安全防护能力。同时，将这些经验教训分享给更多的体育组织和参与者，共同推动体育运动安全防护水平的提升。

四、不同运动项目安全防护措施

（一）田径运动安全防护措施

田径运动作为体育运动的基石，深受广大运动爱好者的喜爱。然而，在进行田径运动时，安全防护措施的重要性不容忽视。以下是一些建议，以确保参与者在田径运动中能够安全、有效地进行锻炼。

1．充分了解自身健康状况

在参与较为剧烈或长时间的田径运动前，个人应对自己的身体健康状况有一个清晰的认识。根据自身的体能和健康状况，合理安排运动负荷是至关重要的。此外，运动教练或指导者在指导运动时，也应根据参与者的身体状况来调整训练内容和强度，避免因超负荷运动而引发的伤害。

2．合理规范使用运动场地

在田径场上进行跑步或其他运动时，应遵守场地的使用规则。例如，在跑道上跑步时，应按照规定的方向进行，避免逆行、逗留或随意穿行。同时，不同的运动项目应在指定的区域内进行，以确保运动的安全和有序。

3．掌握正确的运动技巧

正确的运动技巧不仅可以提高运动效率，还可以减少运动损伤的风险。因此，参与者应在专业教练的指导下，学习和掌握正确的跑步姿势、节奏控制和呼吸技巧等。此外，选择合适的运动场地也非常重要，如塑胶跑道、草地等，以减少对身体的冲击和损伤。

4．做好运动后的恢复工作

长时间的运动后，适当的整理和放松活动是必不可少的，这有助于缓解肌肉紧张，减少疲劳感，并预防运动后的不适。同时，及时更换汗湿的衣物、注意保暖、定时补充水分等良好的运动习惯也有助于身体的恢复和健康。

5．跳远与跳高运动的安全注意事项

在进行跳远和跳高运动时，应确保助跑跑道平整且无障碍物。起跳板应调整至与地面齐平，以确保起跳的稳定性和安全性。同时，沙坑应保持松软且无杂物，以避免不必要的伤害。在跳高运动中，跳高架的稳固性和海绵垫的弹性也是确保安全的关键因素。

6．投掷类运动的安全防范

投掷类运动具有较高的风险性，因此应严格遵守安全规定。投掷器械应统一存放在指定地点，并由专人负责管理。在练习时，应确保足够的间隔距离，避免互相投掷或向人群投掷。同时，采用旋转式投掷技术时，应在有防护网的区域内进行，以确保周边人员的安全。

（二）球类运动安全防护措施

1．合理规划运动环境

在篮球、足球等团体球类运动中，确保场地宽敞、人数适宜至关重要。过于拥挤的场地容易导致冲撞和跌倒等意外情况。因此，组织者应提前规划好运动环境，确保每位参与者都有足够的空间进行活动。

2．强化规则意识与安全教育

无论是业余爱好者还是专业运动员，都应牢记并遵守各项球类运动的规则。同时，加强安全教育，提高参与者的自我保护意识和能力，也是预防运动损伤的关键。在比赛中，裁判和教练应及时制止冲突，引导运动员以合理的方式展现竞技精神。

3．避免高风险动作

对于某些高难度的动作，如篮球中的扣篮或足球中的高空球，未经专业训练的人员应谨慎尝试。这些动作不仅难以掌握，而且存在较高的受伤风险。因此，建议参与者根据自身能力合理选择运动方式，避免不必要的冒险。

4．使用防护装备

在球类运动中，使用适当的防护装备可以有效减少受伤的可能性。例如，在足球运动中佩戴护腿板、碎钉足球鞋等装备，可以为腿部和脚部提供额外的保护。此外，根据个人需求选择护膝、护踝等用品也是明智之举。

5．充分热身与拉伸

热身和拉伸是预防运动损伤的重要环节。通过充分的热身活动，可以提高关节的灵活性和肌肉的弹性，从而降低受伤风险。因此，在开始正式运动前，务必进行足够的热身和拉伸练习。

6. 控制运动强度与时间

过度运动是导致运动损伤的常见原因之一。因此，参与者应根据自身身体状况和运动经验，合理安排运动强度和时间。避免长时间连续运动或过度疲劳，以减少潜在的安全隐患。

7. 排球与隔网运动的特别注意事项

在排球运动中，除了选择适当的护具保护易伤部位外，还应加强关键部位的肌肉力量训练，以提高稳定性和抗冲击能力。对于初学者来说，使用气排球进行练习可以降低手部受伤的风险。

在隔网运动中，如网球和羽毛球，选择合适的球拍和运动鞋至关重要。同时，定期检查球拍的完整性也是必不可少的，以避免因球拍断裂而造成的意外伤害。此外，在观看比赛或走动时，务必保持与场地的安全距离，以防不测。

（三）游泳运动安全防护措施

1. 游泳馆进出管理

在进入游泳馆前，应确保每位游泳者都经过身份验证，并由专业人员进行安全指导。游泳结束后，应确认所有游泳者已安全离开。实施封闭管理，确保游泳期间馆内秩序井然。

2. 适应水温与热身

在下水前，游泳者应在岸边进行充分的热身运动，以提高肌肉的灵活性和弹性。之后，再逐渐适应水温，避免因突然入水而导致的抽筋或溺水事故。

3. 紧急救助准备

游泳馆应配备专业的救生员和急救设备。游泳者一旦出现头晕、抽筋、呛水等异常情况，应立即向救生员或周边游泳者求助。同时，其他游泳者在发现有人遇险时，也应迅速向救生员报警，并在能力范围内提供协助。

4．培养良好的游泳习惯

初学游泳者应先掌握漂浮技巧，以便在紧急情况下能够自救。随着技能的提高，再逐步学习正确的游泳姿势和呼吸方法。此外，佩戴泳镜和泳帽可以减少水的刺激和碰撞伤害，保持与他人的适度距离也能有效避免意外碰撞。

5．结伴游泳与互助

对于初学者来说，与技能相近的伙伴结伴游泳是一个不错的选择。这样可以互相观察、提醒和帮助，一旦发现异常情况，可以立即向教练或救生员报告，确保双方的安全。

6．注意避让与礼让

在游泳池中，如果人数较多，游泳者应注意观察周围情况，避免因蹬水或挥臂而撞伤他人。同时，也要学会礼让和遵守游泳规则，共同维护良好的游泳环境。

7．维护游泳馆秩序

游泳馆内应设立明确的规则和标识，游泳者应遵守相关规定，服从工作人员的安排和指挥。对于违反规则的行为，应及时进行制止和处理，以确保整体的安全和秩序。

8．禁止盲目跳水

跳水是一项高难度的动作，需要掌握正确的技巧和姿势。因此，游泳者不得盲目跳水入池，以免因姿势不当而受伤。在教练的指导下进行跳水练习是更安全的选择。

9．游泳后的身体恢复

游泳结束后，应进行适当的整理和恢复活动，以帮助身体逐渐恢复到平静状态。如果发现身体不适或异常症状，应立即向教练或救生员报告，以便及时得到帮助和处理。

（四）体操运动安全防护措施

1．科学规划训练内容

在进行体操训练时，教练应精心规划教学内容和步骤，确保每个动作都得到充分的练习和巩固。同时，要根据运动员的身体状况和技能水平，合理安排训练强度和难度，避免过度挑战导致意外发生。

2．合理调整动作难度

对于初学者或技能水平较低的运动员，教练可以适当降低体操动作的难度，或者调整器械的高度，以鼓励运动员逐步掌握技术要领，克服心理障碍。在此过程中，教练要密切关注运动员的表现，及时给予指导和保护。

3．加强运动员之间的协作

体操运动中的许多动作需要运动员之间的相互配合和保护。教练应强调团队精神，培养运动员之间的默契和信任。在进行需要保护的动作时，教练要明确保护者的责任和任务，确保其以高度的责任心完成保护工作。

4．教授安全防护技巧

教练在教授体操动作的同时，也要注重安全防护技巧的传授。例如，如何正确佩戴护具，如何在使用器械时保持平衡和稳定，以及在发生意外时如何迅速采取自救措施等。这些技巧的学习将有助于运动员在体操运动中更好地保护自己。

5．教练亲自示范与保护

对于难度较大的体操动作，教练应亲自进行示范，并在运动员尝试时给予必要的保护和帮助。教练的示范不仅可以让运动员更直观地了解动作要领，还能增强他们的信心和安全感。

总的来说，现代体操运动的安全防护需要教练和运动员的共同努力。教练要科学规划训练内容，合理调整动作难度，加强运动员之间的协作，并传授安全防护技巧。同时，运动员也要提高自我保护意识，学习和掌握防护技巧，养成良好的运动习惯。只有这样，我们才能确保体操运动的安全与乐趣并存，让更多人享受这项美妙的体育运动。

第二节　现代体育运动的法律保障

一、基础性法律保障

《中华人民共和国体育法》是我国体育领域的基础性法律，对体育工作的各个方面进行了全面的规定。该法明确了体育工作的基本原则，如坚持中国共产党的领导、以人民为中心、以全民健身为基础等。同时，该法还规定了政府对体育事业的支持和管理职责，如将体育事业纳入国民经济和社会发展规划、保障公民平等参与体育活动的权利等。此外，对于学校体育、体育竞赛等方面也有详细的规定。

二、专门性法规保障

除了《中华人民共和国体育法》外，我国还有一系列专门性法规来保障体育运动的开展。

《全民健身条例》旨在促进全民健身，规定了公民有依法参加全民健身活动的权利，以及地方各级人民政府应当依法保障公民参加全民健身活动的权利。该条例还对体育健身设施的建设、全民健身活动的组织与开展等方面进行了规定。

三、其他相关法律法规保障

此外，我国还有一系列与体育相关的其他法律法规，如《体育赛事活动管理办法》《体育场馆运营管理办法》等。这些法律法规涉及体育活动安全、设施安全及参与者的权益保护等方面，为体育运动的开展提供了有力的法律保障。

《中华人民共和国民法典》规定了自然人享有健康权，运动员也不例外，对于运动员的职业生涯保障，如合理的训练安排、伤病防治、保险制度等，也有相应的法律法规作出规定。

国家层面有专门的反兴奋剂机构和规定，旨在确保公平竞争，维护体育运动的纯洁性。《中华人民共和国体育法》中有专章规定了反兴奋剂的内容，强调了对使用兴奋剂的严格禁止。

参考文献

［1］斯科特·贝（Scott Bay）．游泳运动从入门到精通［M］. 韩照歧，韩臣，王雄，译．北京：人民邮电出版社，2017.

［2］艾丽，张平. 新时代大学体育运动与健康教程[M]. 北京：清华大学出版社，2022.

［3］苟波，王刚，王启荣．学校体育运动安全防护手册［M］. 北京：人民体育出版社，2023.

［4］王伶，杨海东，陈松．现代大学体育与健康教程［M］. 北京：冶金工业出版社，2022.

［5］吴海琴，崔亚楠，王兴．大学体育运动与教学训练研究［M］. 长春：吉林科学技术出版社，2023.

［6］吴江．大学生体育活动安全指南［M］. 北京：科学出版社，2017.

［7］徐扬．户外体育运动安全防护意识建立与强化：评《户外运动与户外安全防护研究》［J］. 安全与环境学报，2020，20（3）：1202.

［8］张达成，骆繁荣．现代体育运动科学训练理论与方法探索［M］. 北京：中国纺织出版社，2016.

［9］张树峰．现代田径运动技术与训练［M］. 北京：化学工业出版社，2018.